Gouvernement du Québec – Programme de crédit d'impôt
pour l'édition de livres – Gestion Sodec

info@lesmalins.ca

Éditeur : Marc-André Audet
Auteure : Catherine Girard-Audet
Aide à la rédaction : Catherine Côté
Conception graphique et montage : Energik Communications

Dépôt légal – Bibliothèque et Archives nationales du Québec, 2012
Dépôt légal – Bibliothèque et Archives Canada, 2012

ISBN : 978-2-89657-165-9

Imprimé en Chine

Nous reconnaissons l'aide financière du gouvernement du Canada
par l'entremise du Fonds du livre du Canada pour nos activités d'édition.

Les éditions Les Malins inc.

5967, rue de Bordeaux
Montréal (Québec)
H2G 2R6

Quel serait ton voyage de rêve?

Le 6 mars 2014 _Le 14 Mai, 2019_

1. Es-tu sociable?

a) Oui, j'adore être entourée de plein de gens!

b) Oui, mais pas tout le temps

c) Non, je préfère être seule.

2. Quel programme de soirée préfères-tu parmi les suivants?

a) Une soirée de filles avec des films, du pop-corn, des potins...

b) Un entrainement avec mon équipe sportive

c) Une soirée relaxante avec un bain chaud, un bon livre et une tasse de chocolat chaud

3. Aimes-tu être dépaysée?

a) Non, pas vraiment

b) Tellement! J'adore découvrir de nouvelles choses.

c) Je suis ouverte aux nouvelles expériences, mais j'aime aussi le réconfort de mon environnement familier.

4. Aimes-tu passer du temps à l'extérieur?

a) Quand il fait soleil, pourquoi pas?

b) Bien sûr! Je préfère cela à passer ma journée à l'intérieur, et ce, peu importe la température.

c) Non, je suis un peu pantouflarde et j'adore mon chez-moi.

5. Ta saison préférée?

a) L'été! J'aime le soleil, les cornets de crème glacée, les robes d'été...

b) L'hiver! J'aime profiter de la neige.

c) Je n'ai pas de préférences.

6. Quel lieu préfères-tu, parmi les suivants?

a) La ville

b) La montagne

c) La campagne

7. De quelle façon as-tu l'habitude de décompresser?

a) Je passe du temps avec mes amis.

b) Je bouge pour me changer les idées.

c) J'écoute de la musique, je lis...

Résultats

A = UNE SEMAINE DE MAGASINAGE À NEW YORK!

New York, en plus d'être une magnifique ville à visiter, regorge de petits commerces, de restaurants… et de boutiques de toutes sortes! Le paradis sur terre pour la « shopaholic » que tu es! En compagnie de tes best, tu passerais une semaine de rêve à Times Square ou sur la Cinquième Avenue, la rue des boutiques chics et des grands couturiers!

B = UNE SEMAINE DE SKI DANS LES ROCHEUSES!

L'air de la montagne, la neige, tous ces gens avec qui skier… ta personnalité active y trouverait son compte à coup sûr! De plus, avec les soirées passées à jaser, à boire du chocolat chaud et à t'amuser dans le chalet de ski, ce serait assurément un séjour mémorable!

C = UN WEEK-END DANS UN SPA!

La détente en plein air, les massages, les bains thermaux, tous ces petits soins sauraient te ravir et te détendre au maximum. Tu pourrais y apporter de la musique, des films, ou passer tes soirées emmitouflée dans une robe de chambre à lire devant un feu de foyer… Un week-end de rêve, assurément!

Est-il un ami, un flirt ou un grand amour ?

Le 6 mars 2014   le 14 mar 2019

1. Si tu ne le vois pas pendant 2 jours :

a) Je pense à lui de temps à autre parce que ça met du piquant.

b) Je n'arrive pas à me le sortir de la tête tellement il me manque.

c) Je l'appelle pour lui raconter ma journée.

2. Tu sais que tu le croiseras aujourd'hui. Comment t'habilles-tu ?

a) Qu'importe de quoi j'ai l'air.

b) Je m'arrange pour être un peu sexy.

c) Je mets mon chandail préféré.

3. Tu l'invites à sortir. Que proposes-tu ?

a) D'aller au cinéma.

b) D'aller voir un concert.

c) D'aller à une fête.

4. Tu le croises dans le corridor. Comment réagis-tu ?

a) Je rougis et mon cœur s'emballe.

b) Je lui fais un sourire craquant.

c) Je lui tape dans la main et je continue mon chemin.

5. Es-tu nerveuse lorsque tu es en sa compagnie ?

a) Un peu.

b) Oui.

c) Non.

6. C'est la danse de l'école. Que fais-tu ?

a) Je soutiens son regard jusqu'à ce qu'il m'invite à danser.

b) Je croise son regard et je souris timidement en espérant qu'il m'invite à danser.

c) Je fais la danse des canards avec lui.

6

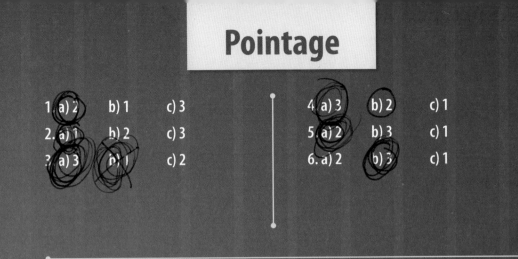

Pointage

1. a) 2   b) 1   c) 3   4. a) 3   b) 2   c) 1
2. a) 1   b) 2   c) 3   5. a) 2   b) 3   c) 1
3. a) 3   b) 1   c) 2   6. a) 2   b) 3   c) 1

Résultats

MOINS DE 10 POINTS - UN AMI !

Tu t'amuses beaucoup avec lui et vous avez construit une super belle amitié. Vous passez du si bon temps ensemble que ça te mélange parfois et tu n'arrives plus trop à savoir ce que tu ressens, mais il se peut que ce ne soit pas plus que de l'amitié. C'est génial de pouvoir compter sur lui alors profite bien de sa présence et amusez-vous !

DE 10 À 18 POINTS - UN FLIRT !

Tu aurais bien envie de le fréquenter et d'apprendre à le connaître, mais sans plus. Tu ne recherches peut-être pas le grand amour, ou alors tu n'as pas envie d'une relation sérieuse avec lui. Quoi qu'il en soit, rien ne t'empêche de tâter le terrain et de t'amuser un peu. Tu es jeune et tu as amplement le temps de tomber amoureuse !

PLUS DE 18 POINTS - LE GRAND AMOUR !

Il n'y a aucun doute que ce gars te fait de l'effet et qu'il éveille toutes sortes de sentiments chez toi. Si tu es amoureuse de lui, rien ne t'empêche de lui faire part de tes sentiments pour mettre cartes sur table et faire évoluer la relation. C'est parfois très déstabilisant d'être amoureuse, mais ça en vaut grandement la peine !

Quel serait ton domaine de travail idéal?

le 6 mars 2014   le 14 mai, 2019

Trouver un emploi qui nous comble n'est pas chose facile… et même si c'est encore loin devant toi et que tu as amplement le temps d'y penser, j'espère que ce petit test saura t'orienter dans la bonne direction!

1. Aimes-tu étudier?

a. Oui, mais je n'y passerais pas toute ma vie.

b. Oui, j'aime vraiment l'école.

c. Non, je n'aime pas vraiment l'école.

2. Quelles sont tes matières préférées?

a. Les mathématiques, l'économie…

b. Le français, l'histoire, la psychologie, la géographie…

c. Les sciences, la physique, la chimie…

3. Aimes-tu travailler en équipe?

a. Je suis un bon chef d'équipe.

b. Oui, j'aime bien être entourée de gens qui partagent mes intérêts.

c. Oui, j'y suis même plus efficace.

4. Es-tu douée en sciences?

a. Oui, principalement en mathématiques.

b. Non, je préfère les arts ou l'histoire et la géographie.

c. Oui, je suis très douée en sciences, principalement en chimie et en physique…

5. Sais-tu répondre aux instructions d'un responsable ou d'un leader?

a. Oui, mais je préfère être ma propre patronne et prendre les décisions moi-même.

b. Oui, quand ils me permettent d'être moi-même et de m'exprimer.

c. Je suis toujours les instructions à la lettre.

6. Préférerais-tu un boulot…

a. Qui t'offre la satisfaction d'être ton propre patron?

b. Qui te permette d'approfondir tes connaissances dans un domaine donné?

c. Qui te permette d'aider les autres et de contribuer au progrès?

7. Es-tu organisée?

a. Oui, je suis très organisée et méthodique dans ce que j'entreprends.

b. Non, je suis assez brouillon.

c. Je sais m'y retrouver dans mon bordel, mais je peux être organisée quand ça compte.

8. Quel mot décrirait le mieux ton métier de rêve?

a. Payant

b. Créatif

c. Stimulant, d'un point de vue intellectuel

8

Résultats

SI TU AS RÉPONDU UNE MAJORITÉ DE :

A = LE DOMAINE DE L'ADMINISTRATION EST FAIT POUR TOI!

Tu n'aimes pas recevoir des ordres et préfères être responsable de tes accomplissements! De plus, tu es organisée et tu as de l'ambition. Avec de tels atouts, du travail et de la persévérance, tu pourrais sans doute un jour posséder ta propre entreprise!

B = LE DOMAINE DES ARTS ET DES SCIENCES HUMAINES T'APPELLE!

Que tu aimes l'art, la psychologie ou l'histoire, les métiers sont nombreux dans ce grand domaine de carrières. De l'enseignement à la recherche, tu y trouveras assurément ton compte en faisant quelque chose qui te permette de t'accomplir en côtoyant tous les jours des gens qui ont la même passion que toi!

C = LE DOMAINE DES SCIENCES EST FAIT POUR TOI!

Tu as une aptitude certaine en sciences et une volonté d'en apprendre toujours plus, alors pourquoi ne pas aller dans cette direction? Les médecins, infirmiers et ingénieurs pratiquent tous des métiers honorables qui, en plus d'être passionnants et de les mettre au défi quotidiennement, sont extrêmement utiles à notre société!

Cherches-tu
une relation sérieuse ?

le 6 mars 2014

1. Tu envies les filles qui ont un chum.

Vrai

(Faux)

2. Tu aimes ton indépendance.

Vrai

(Faux)

3. Tu aimerais pouvoir tout confier à ton chum.

(Vrai)

Faux

4. Les amies avant les gars.

(Vrai)

Faux

5. Tu considères que tu n'as pas le temps d'avoir un chum.

Vrai

(Faux)

6. Les relations amoureuses te semblent trop compliquées.

Vrai

(Faux)

7. Tu rêves d'être amoureuse.

(Vrai)

Faux

8. Tu adores être célibataire.

Vrai

(Faux)

9. Quand tu as un chum, tu veux passer le plus de temps possible avec lui.

(Vrai)

Faux

10. Quand tu as un chum, tu n'as aucune hésitation à le présenter à ta famille.

Vrai

(Faux)

Pointage

1. Vrai: 5   Faux: 0
2. Vrai: 0   Faux: 5
3. Vrai: 5   Faux: 0
4. Vrai: 0   Faux: 5
5. Vrai: 0   Faux: 5

6. Vrai: 0   Faux: 5
7. Vrai: 5   Faux: 0
8. Vrai: 0   Faux: 5
9. Vrai: 5   Faux: 0
10. Vrai: 5   Faux: 0

Résultats

MOINS DE 20 POINTS

Tu es très bien toute seule et tu ne ressens pas le besoin ou l'envie de t'investir dans une relation sérieuse. Tu crois peut-être que tu es encore trop jeune, ou alors tu trouves que les relations amoureuses sont compliquées et tu n'as pas vraiment envie de plonger dans ce casse-tête émotif. Même si tu es indépendante et tu aimes être célibataire, ne te ferme pas trop aux possibilités, car l'amour peut être très enrichissant et peut te faire vivre de grandes choses.

DE 20 À 35 POINTS

Tu n'es pas fermée à l'idée d'avoir un chum et de vivre une relation sérieuse, mais tu apprécies aussi le fait d'être célibataire et de jouir de ta liberté. Tu es un peu comme un caméléon; tu peux très bien t'adapter aux deux situations !

PLUS DE 35 POINTS

Tu rêves de rencontrer le prince charmant et de vivre une relation sérieuse. Tu n'as aucune envie d'être célibataire et tu envies les filles qui partagent tout avec leur chum et qui vivent le grand amour. Ouvre-toi aux possibilités pour rencontrer le gars parfait, mais apprends aussi à être bien toute seule et profite de ton célibat pour en apprendre davantage sur toi-même. Ce sera profitable au moment où tu vivras une relation sérieuse.

Quel animal de compagnie te conviendrait le mieux?

Le 6 mars 2014

1. Aimes-tu bouger?

a. J'adore bouger! Je suis sportive et je bouge autant que possible.

b. Non, je préfère faire des activités à l'intérieur.

2. Préfères-tu être seule ou entourée?

a. J'adore la compagnie! J'aime mieux être entourée qu'être seule.

b. Oui, j'aime être entourée, mais j'aime bien avoir mon espace.

3. Aurais-tu beaucoup de temps à consacrer à ton animal?

a. Bien sûr! Je serais prête à lui consacrer beaucoup de temps.

b. Oui, mais j'ai tout de même besoin de temps pour moi.

4. Aurais-tu beaucoup de place à lui accorder dans ta maison?

a. Oui, il aurait beaucoup d'espace pour se dégourdir les pattes.

b. Non, pas vraiment. Il faudrait qu'il occupe peu d'espace.

5. Aimes-tu jouer avec les animaux?

a. J'adore jouer avec les animaux. Je les trouve tellement attachants!

b. Oui, à l'occasion, mais je n'ai pas beaucoup de temps.

6. Voudrais-tu d'un animal qui est très indépendant?

a. Non. J'aimerais pouvoir jouer avec lui le plus souvent possible!

b. Il faudrait qu'il soit capable de s'occuper par lui-même, mais j'aimerais qu'il soit aussi affectueux.

7. Voudrais-tu que ton animal soit…

a. Énergique?

b Attachant?

Résultats

A = TON ANIMAL IDÉAL EST UN CHIEN OU UN CHAT!

Un chien affectueux, fidèle, très actif et loyal serait idéal pour toi, puisqu'il serait toujours là pour t'accompagner à l'extérieur et pour te remonter le moral! Par contre, si tu as un chien, tu devras être très attentive à ses besoins, parce que cet animal a besoin de beaucoup d'attention et d'exercices physiques! Bien que les chats aiment aussi s'amuser, ils sont plus indépendants et ils peuvent s'occuper seuls, sans surveillance, même lorsqu'ils sont bébés. Il ne faut pas oublier qu'il faut toujours être attentive aux besoins de ces animaux!

B = TON ANIMAL IDÉAL EST UN RONGEUR!

Les cochons d'Inde, les hamsters et autres petites boules de poils attachantes ne prennent pas beaucoup de place dans une maison puisqu'ils peuvent facilement vivre dans une cage. Bien qu'ils aiment se promener par terre, ils peuvent aussi s'adapter à plusieurs types d'environnements. Si tu as peu de temps à consacrer à ton animal, un petit rongeur serait idéal pour toi. Tu n'aurais qu'à le nourrir et à nettoyer sa cage de temps à autre, et lui serait toujours là pour te divertir!

 # VOUS AVEZ DU COURRIER !

Chère Catherine,

Mon chum m'a laissée il y a environ un mois, mais je n'arrive pas à l'oublier. Je l'aime encore et tout me fait penser à lui. Est-ce que les peines d'amour durent longtemps ?

As-tu des trucs pour m'aider à l'oublier et guérir mon cœur brisé ?

La vérité, c'est qu'il n'y a pas de période de temps préétablie pour passer au travers d'une peine d'amour puisque chacun la vit à sa façon. Je sais que tu aimerais appuyer sur une touche pour cesser d'avoir mal, mais je t'assure que le temps est le meilleur remède. En attendant, je te suggère d'enlever toutes les choses qui te font penser à lui et de les ranger dans une boîte au fond de ton garde-robe; tu les sortiras lorsque tu seras prête.

Je te suggère aussi de te concentrer sur les choses qui ne fonctionnaient pas entre vous plutôt que de penser à ses qualités. Tu peux également te changer les idées en faisant du sport et de nouvelles activités. Après tout, c'est vraiment le moment de penser à toi ! Ne va surtout pas croire que la douleur durera toujours, car je te promets qu'on finit par s'en remettre et qu'on en ressort encore plus fortes !

Catherine

Douce ou Piquante ?

le 6 mars 2014

1. Quelqu'un te bouscule dans la rue. Comment réagis-tu ?

a) Je lui fais de gros yeux et je continue mon chemin.

b) Je lui dis d'apprendre à vivre et lui demande de s'excuser.

c) J'endure et je ne dis rien.

2. Lors d'un débat en classe, que fais-tu ?

a) J'écoute les autres discuter entre eux sans donner mon opinion.

b) Je m'échauffe et je m'obstine avec tous ceux qui ne sont pas de mon avis.

c) Je donne mon opinion, mais je suis ouverte à écouter celle des autres.

3. Pour toi, la politique, c'est :

a) Un sujet tabou.

b) Un sujet de discussion.

c) Un drame.

4. Lorsque tu es en colère contre ton amie, comment réagis-tu ?

a) Je la boude.

b) J'explose et je lui dis ma façon de penser.

c) Je n'ose pas le lui dire et je fais comme si de rien n'était.

5. La serveuse te sert le mauvais plat au restaurant. Comment réagis-tu ?

a) Je l'engueule et lui demande de m'apporter mon plat.

b) Je lui dis calmement qu'elle a fait une erreur.

c) Je mange le plat quand même.

6. Ton chum arrive 30 minutes en retard à un rendez-vous. Que fais-tu ?

a) Rien du tout. Je ne veux pas le vexer.

b) Je lui fais comprendre que je n'aime pas les retardataires et je passe à un autre sujet.

c) Je lui fais une crise et je pars de mon côté.

7. Lorsque tu es en colère :

a) J'ai les larmes aux yeux, mais, heureusement, ça ne m'arrive pas souvent.

b) Je crie et je n'hésite pas à dire ce que je pense.

c) Je me renfrogne et je reste de mauvaise humeur.

8. Lorsque quelqu'un te fait de la peine, comment réagis-tu ?

a) Je m'exprime sans hésiter. Mieux vaut mettre les choses au clair.

b) Je vis ma peine toute seule et j'attends que ça passe.

c) Je pleure et je laisse passer du temps avant de m'expliquer.

Pointage

1. a) 2   b) 1   c) 3
2. a) 3   b) 1   c) 2
3. a) 3   b) 2   c) 1
4. a) 2   b) 1   c) 3

5. a) 1   b) 2   c) 3
6. a) 3   b) 2   c) 1
7. a) 3   b) 1   c) 2
8. a) 1   b) 3   c) 2

Résultats

MOINS DE 10 POINTS

Piquante ! Tu as un caractère explosif et tu n'as pas peur de dire ce que tu penses. Tu ne comprends pas les gens qui n'expriment pas leurs sentiments et tu préfères mettre les choses au clair au plus vite. Fais toutefois attention à ne pas blesser les autres en t'emportant ou par manque de tact.

DE 10 À 18 POINTS

Aigre-douce! Tu as un fort caractère, mais tu n'es pas du genre à t'imposer ou à monter sur tes grands chevaux quand quelque chose ne va pas. Tu préfères exprimer ton insatisfaction en boudant ou en discutant calmement. Bien que tu réagisses parfois comme une enfant, tu sais communiquer tes émotions sans faire tout un flafla et en prenant soin de ne pas blesser les autres.

PLUS DE 18 POINTS

Douce ! Tu as souvent peur de t'imposer ou de déranger les autres, alors tu préfères ne pas mettre ton grain de sel. N'aie pas peur de sortir de ta coquille et de dire ce que tu penses lorsqu'un sujet te tient à cœur, mais continue d'être sensible aux autres, car c'est ce qui te rend aussi attachante !

Quelle couleur de cheveux t'irait le mieux?

Le 6 mars 2014

1. Te décrirais-tu comme une personne qui aime attirer l'attention?

a. Oui, j'aime bien attirer l'attention, où que j'aille.

b. Oui, particulièrement celle des garçons qui me plaisent. J'aime me sentir belle.

c. Non, je préfère passer inaperçue.

2. Quelles sont les couleurs que tu portes le plus souvent?

a. J'aime les couleurs froides : le bleu royal, l'émeraude…

b. Les couleurs pastel : le rose, le vert pâle, le jaune…

c. Les tons chauds : le rouge, l'orange…

3. De quelle couleur sont tes yeux?

a. Verts ou bleu foncé

b. Bleu pâle ou gris

c. Bruns ou noirs

4. Aimes-tu le maquillage coloré?

a. Non, je préfère le maquillage sombre, noir, charbonneux…

b. Oui, j'aime bien porter des couleurs pimpantes.

c. Oui, l'ombre à paupières me va très bien.

5. Comment décrirais-tu ta peau?

a. Très pâle.

b. Hâlée. Je n'ai pas beaucoup de boutons et j'ai le teint naturellement ensoleillé!

c. Un teint olive, comme les Méditerranéennes!

6. Bronzes-tu facilement?

a. Non, je ne bronze pratiquement pas. J'attrape plutôt des coups de soleil.

b. Oui, je bronze très vite, mais je ne deviens pas très foncée.

c. Oui, et je peux devenir très foncée!

7. Comment décrirais-tu ta personnalité?

a. Je prends toujours beaucoup de place, mais les gens m'apprécient.

b. Je suis la joie de vivre incarnée!

c. Réservée et timide, je suis dotée d'une grande sensibilité.

Résultats

SI TU AS UNE MAJORITÉ DE…

A = TU DEVRAIS ÊTRE ROUSSE!

Avec ta personnalité éclatante et ton teint pâle et clair, le roux t'irait à ravir et t'assurerait d'avoir toute l'attention que tu mérites! De plus, une telle couleur te permettrait d'exprimer ton originalité par ta coiffure!

B = TU DEVRAIS ÊTRE BLONDE!

Bien que tu sois discrète et plutôt timide, tu es un vrai petit rayon de soleil dont on remarque la présence à coup sûr. Si tu as le teint clair et bronzé, un beau blond doré t'irait à merveille!

C = TU DEVRAIS ÊTRE NOIRE!

Les coiffures noires sont discrètes et très distinguées. Avec ta nature plus réservée qui ne cherche pas à attirer l'attention, une telle couleur de cheveux t'assurerait un style à tout casser avec juste ce qu'il faut de retenue!

Es-tu à l'aise dans ton corps ?

Le 6 mars 2014

1. Tu n'éprouves aucune gêne à te promener en maillot de bain devant les autres.

Vrai

(Faux)

2. Lorsque tu regardes ton corps dans le miroir, tu te trouves moche.

Vrai

(Faux)

3. Tu préfères porter des vêtements amples pour ne pas montrer tes formes.

Vrai

(Faux)

4. Tu n'es pas pudique.

(Vrai)

(Faux)

5. Tu détestes te changer devant tes amies.

Vrai

(Faux)

6. Tu as tendance à comparer ton corps à celui des autres filles.

Vrai

(Faux)

7. Quand tu regardes ton corps, tu remarques toujours ses petits défauts.

Vrai

(Faux)

8. Tu fais du sport parce que tu veux être en forme, et non pour maigrir à tout prix.

(Vrai)

Faux

9. Tu portes des vêtements qui te mettent en valeur.

(Vrai)

Faux

10. Tu ne te pèses pas souvent. Tu te bases sur tes vêtements pour savoir si tu as pris du poids.

Vrai

(Faux)

1. Vrai: 5   ~~Faux: 0~~
2. Vrai: 0   ~~Faux: 5~~
3. Vrai: 0   ~~Faux: 5~~
4. ~~Vrai: 5~~   Faux: 0
5. Vrai: 0   ~~Faux: 5~~

6. Vrai: 0   ~~Faux: 5~~
7. Vrai: 0   ~~Faux: 5~~
8. ~~Vrai: 5~~   Faux: 0
9. ~~Vrai: 5~~   Faux: 0
10. Vrai: 5   ~~Faux: 0~~

Résultats

MOINS DE 20 POINTS

Tu as des complexes qui font en sorte que tu n'es pas à l'aise dans ton corps. Tu te compares souvent aux autres filles et tu as trop souvent tendance à te trouver moche ou ne pas mettre ton corps en valeur. Tu dois apprendre à t'aimer telle que tu es et à apprécier les choses qui te rendent unique. Tu es telle que tu es, alors c'est à toi de trouver des façons de te sentir mieux dans ta peau !

DE 20 À 35 POINTS

Tu es souvent à l'aise dans ton corps, mais tu éprouves quand même de petits malaises lorsque vient le temps de te déshabiller devant les autres ou d'assumer tes formes. N'aie pas peur de faire ressortir les aspects de ton physique que tu aimes le plus et d'avoir de l'assurance. Tu te sentiras mieux dans ta peau, tu verras !

PLUS DE 35 POINTS

Tu es super à l'aise dans ton corps. Tu t'aimes comme tu es et tu n'as pas peur de t'assumer quand vient le temps de te déshabiller ou de porter des vêtements qui te mettent en valeur. De plus, tu sais quoi faire pour te sentir bien dans ta peau. Tu es née avec ton corps, alors mieux vaut l'apprivoiser et en tirer le maximum !

Connais-tu bien l'histoire du monde?

Le 6 mars 2014

Petit B-A-BA d'histoire, loin des salles de classe et simplement pour le plaisir! Avec ce que tu apprendras ici, tu pourras facilement impressionner ta famille et tes amis lors d'une prochaine fête!

1. Dans quelle ville de l'antiquité aurais-tu eu le plus de chance de rencontrer des gladiateurs?

a. À Athènes

b. À Rome

c. À Alexandrie

2. Une petite facile : à quand remonte la découverte de l'Amérique?

a. 1500

b. 1312 X

c. 1492

3. Quelle décennie a été marquée par John F. Kennedy et Bob Dylan?

a. 1930 X

b. 1960

c. 1990

4. Où et quand ont vécu les cow-boys?

a. 1850 – 1890, dans l'Ouest américain.

b. 1730 – 1740, dans l'Ouest canadien.

c. 1820 – 1840, au nord du Mexique.

5. Lequel des personnages suivants ne fut pas l'un des chevaliers de la Table ronde?

a. Le roi Arthur

b. Lancelôt

c. Marcel

6. Dans quel pays écrivait-on à l'aide de hiéroglyphes?

a. L'Égypte ancienne

b. L'Égypte actuelle

c. La Grèce

7. 1960, au Québec, c'est...

a. La révolte des Patriotes

b. La Révolution tranquille

c. La crise d'Octobre

8. Qui fut la dernière reine de France, guillotinée lors de la Révolution française?

a. Catherine II

b. Cléopâtre

c. Marie-Antoinette

Réponses

1.B, 2.C, 3.B, 4.A, 5.C, 6.A, 7.B, 8.C

VOUS AVEZ DU COURRIER !

Salut Catherine,

J'ai 14 ans et je n'ai jamais eu de chum. Je n'ai jamais embrassé de gars, non plus. Je me sens un peu en retard sur les autres. Est-ce que c'est normal ?

As-tu des trucs à me donner pour me faire un chum ?

Salut ! Ne t'en fais pas, car tu es loin d'être la seule fille de 14 ans qui n'a jamais eu de chum et qui n'a jamais embrassé de garçon. La vérité, c'est que chacune va à son rythme. C'est pour cette raison qu'il vaut parfois mieux ne pas se comparer aux autres. L'important, c'est que tu le fasses quand tu te sens prête et que ce soit avec un gars que tu aimes bien et qui te respecte.

Ne va surtout pas t'imaginer que tu ne rencontreras jamais personne ! Je suis certaine que tu finiras par trouver quelqu'un avec qui tu auras envie de franchir cette étape. Il n'y a pas de recettes miracles pour trouver un chum, mais je crois que ça vaut la peine de t'ouvrir aux gens qui t'entourent et de ne pas hésiter à faire les premiers pas et à sourire à celui qui te plaît pour qu'il sache que tu existes et que tu l'aimes bien ! Après tout, qui ne risque rien n'a rien !

Catherine

Es-tu insécure ?

Le 6 mars 2014

1. Tu n'as pas besoin de te faire rassurer par ton chum lorsque tu doutes de toi.

~~Vrai~~

Faux

2. Tu oses faire des folies en public.

Vrai

~~Faux~~

3. Tu te fiches de ce que les autres pensent de ton style vestimentaire.

Vrai

~~Faux~~

4. Tu n'as pas peur de dire « je t'aime » en premier.

~~Vrai~~

Faux

5. Le regard des autres est super important pour toi.

Vrai

~~Faux~~

6. Tu as souvent peur que ton chum te laisse pour une autre.

~~Vrai~~

Faux

7. Tu as peur d'avoir l'air ridicule lorsque tu fais une présentation orale.

~~Vrai~~

Faux

8. Tu préfères parfois ne pas dire ce que tu penses pour éviter les chicanes.

~~Vrai~~

Faux

9. Tu as confiance en toi.

~~Vrai~~

Faux

10. Tu n'as pas peur d'être seule.

Vrai

~~Faux~~

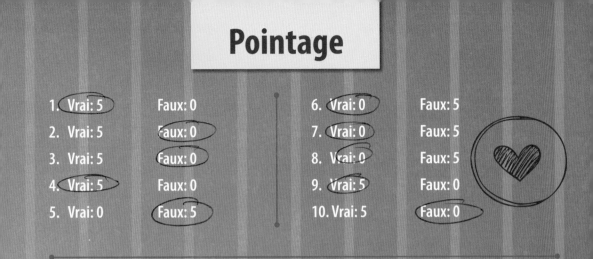

Pointage

1. Vrai: 5   Faux: 0
2. Vrai: 5   Faux: 0
3. Vrai: 5   Faux: 0
4. Vrai: 5   Faux: 0
5. Vrai: 0   Faux: 5

6. Vrai: 0   Faux: 5
7. Vrai: 0   Faux: 5
8. Vrai: 0   Faux: 5
9. Vrai: 5   Faux: 0
10. Vrai: 5   Faux: 0

Résultats

MOINS DE 20 POINTS

Tu es très insécure et tu te laisses souvent dominer par la peur de te faire rejeter ou de perdre ceux que tu aimes. Sache toutefois qu'il vaut mieux, pour ton bien-être, faire confiance aux autres et apprendre à donner sans attendre en retour. Apprends à être bien avec toi-même pour pouvoir te sentir plus épanouie avec les gens qui t'entourent et, surtout, apprends à te faire confiance et à croire en toi-même.

DE 20 À 35 POINTS

Tu as des moments d'insécurité, mais tu réussis souvent à te raisonner pour ne pas te laisser emporter par tes peurs. Lorsque tu paniques et que tu as peur de perdre les gens que tu aimes, tu dois te dire que tu comptes aussi dans leur vie et que tu mérites d'être épanouie, de faire confiance aux autres et d'avoir davantage confiance en toi.

PLUS DE 35 POINTS

Tu n'as pas vraiment de problèmes d'insécurité. Tu as parfois des petites peurs incontrôlables, mais, de façon générale, tu parviens à reprendre le contrôle et à te fier à tes instincts. Tu sais ce que tu vaux et tu n'as pas peur de donner de l'amour aux autres et de faire confiance aux gens que tu aimes. Tes amis aiment ta confiance et ta force et tu es fière de pouvoir foncer sans hésiter.

Quel type de danse t'irait le mieux?

Le 6 mars 2014

Es-tu…

1. Énergique
2. Conventionnelle
3. Émotive

1. Rapide
2. Lente
3. Ça dépend des fois

1. Agressive
2. Douce
3. Sensible

1. Bleue
2. Blanche
3. Rouge

1. Un chat
2. Un cygne
3. Un poisson

1. Extravertie
2. Timide
3. Un peu des deux

1. Lune
2. Soleil
3. Étoile

1. Impulsive
2. Réfléchie
3. Artistique

Résultats

SI TU AS UNE MAJORITÉ DE...

1 = LE HIP-HOP EST TA DANSE IDÉALE!

Ce type de danse énergique et parfois provocateur est parfait pour toi si tu veux te défouler et dépenser de l'énergie avec attitude!

2 = LE BALLET EST FAIT POUR TOI!

Si tu es posée et calme, ce genre de danse, moins axée sur l'attitude et plus sur la précision dans le mouvement, est parfait pour t'aider à décompresser.

3 = LA DANSE CONTEMPORAINE!

Dominée par l'émotivité du danseur, cette danse est moins axée sur la chorégraphie que sur le sentiment. Dans la danse contemporaine, il faut ressentir le mouvement pour l'interpréter le mieux possible. Cet art moderne alliant le théâtre à la danse s'agencerait à merveille à ta sensibilité d'artiste!

Es-tu jalouse ?

1. Ton chum passe la soirée sans toi. Comment réagis-tu ?

a) Je lui téléphone toutes les heures pour être certaine qu'il ne fait pas de bêtises.

b) Je lui envoie un SMS avant de dormir pour qu'il sache (et se rappelle) que je pense à lui.

c) J'en profite pour voir mes amis.

2. C'est l'heure du dîner à l'école, que fais-tu ?

a) Je vais m'asseoir avec mes amis sans m'en faire à propos de mon chum.

b) Je m'assois avec des amis, mais j'observe mon chum du coin de l'œil tout au long du dîner.

c) J'accroche mon chum en passant et je passe l'heure du dîner avec lui. Pas question qu'il me file entre les doigts !

3. Ça ne te dérange pas que ton chum ait des amies (filles).

a) D'accord

b) Pas d'accord

c) Plus ou moins

4. Comment réagis-tu par rapport à l'ex de ton chum ?

a) Je respecte la relation qu'ils ont eue, mais je ne veux plus qu'il lui parle.

b) Je ne la supporte pas. Hors de question qu'il la voie.

c) Ils ont mis un terme à leur relation, alors, s'ils veulent être amis, c'est leur décision.

5. Tu aperçois ton chum avec une fille que tu ne connais pas. Que fais-tu ?

a) Je fais semblant de ne pas le voir et je mène mon enquête plus tard.

b) Je vais me présenter sans trop m'en faire.

c) Je saute sur mon chum pour l'embrasser et pour qu'elle sache qu'il est déjà pris.

6. Tu t'aperçois que ton chum a laissé son cellulaire chez toi. Que fais-tu ?

a) Je le mets dans mon sac à main pour le lui rendre plus tard.

b) Je meurs d'envie de fouiller dans ses SMS, mais la culpabilité m'empêche d'aller plus loin.

c) Je fouille aussitôt dans ses numéros et dans ses SMS à la recherche d'une preuve compromettante.

7. Une amie de ton chum l'invite à danser à une fête de l'école. Comment réagis-tu ?

a) Je lui fais la gueule le reste de la soirée.

b) Je ne dis rien, mais je m'empresse de danser avec un autre gars pour lui rendre la pareille.

c) Je souris et l'encourage à y aller. Ça ne veut rien dire et je sais qu'il m'aime.

8. Fais-tu confiance à ton chum ?

a) Non

b) Oui

c) Pas tout le temps…

1. a) 1	b) 2	c) 3		5. a) 2	b) 3	c) 1
2. a) 3	b) 2	c) 1		6. a) 3	b) 2	c) 1
3. a) 3	b) 1	c) 2		7. a) 1	b) 2	c) 3
4. a) 2	b) 1	c) 3		8. a) 1	b) 3	c) 2

Résultats

MOINS DE 10 POINTS

Tu es extrêmement jalouse ! Tu as de la difficulté à faire confiance à ton chum, et le fait de le voir parler à une autre fille te rend folle ! Cela peut vouloir dire que tu n'as pas confiance en toi. Rappelle-toi ce que tu vaux, et dis-toi que tu ne peux pas contrôler les gestes de ton chum, alors, s'il t'aime, mieux vaut lui accorder ta confiance, tu ne crois pas ? Ce sera plus sain pour toi, pour lui et pour votre relation.

DE 10 À 18 POINTS

Tu arrives parfois à dominer ta jalousie et à rationaliser ta peur de le perdre, mais tu éprouves souvent de la jalousie lorsque tu vois ton chum en compagnie d'une autre fille ou lorsqu'il fait quelque chose sans toi. À quoi cela te sert-il de t'imaginer le pire ? Au fond, tu sais que ton chum est digne de confiance et tu détestes te sentir aussi vulnérable, alors change ton attitude !

PLUS DE 18 POINTS

Tu as confiance en ton chum et tu ne te laisses pas aveugler par la jalousie. Au fond, tu sais que votre relation est géniale et tu sais que ça ne sert à rien d'éprouver de la jalousie pour des choses insignifiantes. Tu as confiance en toi et tu souhaites le bonheur de ton chum par-dessus tout ! Bravo, tu as atteint un haut niveau de maturité et tu possèdes tous les ingrédients pour mener une vie saine dans une relation épanouie !

Quelle beauté classique du cinéma américain es-tu?

1. Les gens te complimentent principalement sur…

a. Ta beauté

b. Ton style vestimentaire

c. Ta force de caractère

2. Que choisirais-tu comme boisson parmi les suivantes?

a. Thé

b. Tisane

c. Café

3. Comment décrirais-tu ton caractère?

a. Je suis étincelante, un rayon de soleil!

b. Je suis distinguée, j'ai de la classe!

c. Je n'ai pas peur de dire ce que je pense, je suis une tête forte!

4. Quel animal te représente le mieux?

a. Un chat

b. Un oiseau

c. Un chiot

5. Quelle saveur de crème glacée préfères-tu?

a. Vanille

b. Fraise

c. Chocolat

6. Ton sport préféré?

a. La danse

b. Le yoga

c. Je les aime tous, je suis très active!

7. Quel est ton style de musique préféré?

a. Le jazz

b. Le pop

c. Le rock

Résultats

SI TU AS UNE MAJORITÉ DE...

A = TU ES MARILYN MONROE!

Tu es une jolie fille qui inspire tous ceux qu'elle rencontre et qui ne cesse jamais d'impressionner son entourage! De plus, comme Marilyn Monroe, tu as de nombreux talents et tu es très polyvalente dans la sphère artistique. Une vraie touche-à-tout qui rayonne dans tout ce qu'elle entreprend!

B = TU ES AUDREY HEPBURN!

Tu as du style et beaucoup de classe, et les gens t'admirent pour ton style vestimentaire original et pour ta grandeur d'âme. Comme Audrey Hepburn, tu as un air candide et ingénu qui cache une grande sensibilité et tu as des yeux absolument magnifiques!

C = TU ES KATHARINE HEPBURN!

Fougueuse et indomptable, tu es, à l'instar de la grande star de cinéma, une beauté ténébreuse qui n'en fait qu'à sa tête et qui refuse de se conformer aux normes. Sportive, très active, tu es une véritable boule d'énergie et d'émotions!

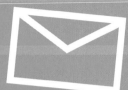 # VOUS AVEZ DU COURRIER !

Salut Catherine,

Un gars de ma classe m'a avoué qu'il m'aimait, mais je ne suis pas amoureuse de lui.

Comment lui dire sans trop lui faire de peine ?

Salut ! Je sais que tu te sens mal, mais dis-toi qu'il vaut mieux être honnête avec lui pour qu'il puisse faire son deuil plutôt que de lui donner de faux espoirs et qu'il reste accroché à toi. Je crois que tu pourrais simplement lui expliquer que tu tiens énormément à lui, mais que tu ne souhaites pas avoir de chum en ce moment. S'il insiste, explique-lui que tu ne l'aimes qu'en ami, et que tu ne veux pas t'embarquer dans une relation avec lui.

C'est important qu'il comprenne que ce n'est rien de personnel et d'éviter qu'il se sente humilié inutilement par ton refus. Le mieux est donc de lui expliquer doucement que ce n'est pas possible et d'être discrète sur ce sujet avec les gens qui t'entourent. Je sais que ce n'est pas agréable de faire de la peine à quelqu'un, mais dis-toi que tu ne peux pas te forcer à l'aimer et qu'il finira certainement par s'en remettre !

Catherine

Es-tu une romantique

1. Quelle est la soirée parfaite avec ton amoureux ?

a) Un souper aux chandelles et de la musique douce.

b) Un bon film dans ses bras.

c) Un super concert avec des tas d'amis.

2. Quel est le plus beau cadeau qu'on puisse te faire ?

a) Un bijou.

b) Un joli chandail.

c) Un billet de ski.

3. Aimes-tu les comédies romantiques ?

a) J'en raffole !

b) Une fois de temps en temps.

c) Jamais de la vie. C'est trop quétaine.

4. Quel est le petit nom que tu donnes à ton chum.

a) Chéri d'amour

b) Chaton

c) Creton

5. Pleures-tu en écoutant un film prenant ou de la musique intense ?

a) Presque toujours.

b) Parfois, mais c'est rare.

c) Jamais

6. Quel est ton plus grand rêve ?

a) Que le gars de mes rêves vienne me délivrer et m'emmène sur son cheval.

b) Que le gars dont je raffole m'embrasse.

c) Que le gars dont je raffole me fasse rire aux larmes.

7. Comment célèbres-tu la Saint-Valentin ?

a) Au cinéma et au resto, idéalement avec des roses et du chocolat.

b) Avec mes amies pour célébrer notre amour !

c) Seule chez moi avec un film, car je trouve ça ridicule et trop commercial.

8. Quand tu es amoureuse :

a) J'ai la tête dans les nuages et je rêvasse tout le temps avec le sourire aux lèvres.

b) J'ai de l'énergie à revendre et je me concentre pour ne pas penser tout le temps à lui.

c) Je panique un peu parce que je ne comprends pas ce qui m'arrive.

Résultats

SI TU AS UNE MAJORITÉ DE…

A = ROMANTIQUE À L'OS

Tu es une éternelle romantique ! Tu raffoles de tous les trucs sentimentaux à l'eau de rose et tu rêves de rencontrer le prince charmant. Tu es souvent dans la lune et tu adores être amoureuse. Il n'y a rien de tel qu'avoir la tête dans les nuages !

B = ROMANTIQUE À TES HEURES

Tu n'es pas la plus grande admiratrice des comédies romantiques et des romans-savons, mais tu aimes bien les surprises et ton cœur fond quand ton chum te fait une déclaration d'amour. Tu n'aimes pas trop l'admettre, mais tu es une dure au cœur tendre !

C = TERRE À TERRE

Pour toi, romantisme égale trop souvent quétaine et tu as de la difficulté à supporter les couples qui soupirent en se regardant dans les yeux. Pour toi, une soirée en amoureux, c'est une sortie, un concert, des rires et un bon hamburger !

Quelle serait le modèle de robe idéale pour ton bal de finissants?

1. Quel style t'irait le mieux?

a. Un style féminin qui me mette bien en valeur!

b. Un style classique et délicat

c. Un style contemporain qui a de la gueule!

2. Quel type de silhouette as-tu?

a. Une silhouette sablier (les épaules et les hanches de la même largeur, la taille plus fine) ou poire (les épaules et la taille plus petites que les hanches)

b. Une silhouette pomme (le ventre plus rond, les jambes très fines)

c. Une silhouette carrée (filiforme et allongée)

3. Quel type de tissus te plaît le plus?

a. Un tissu satiné, qui brille

b. Un tissu étincelant, comme du tulle avec des brillants

c. Un tissu plus rigide qui miroite, comme le taffetas.

4. Quel type de musique te représente le mieux?

a. Le pop

b. J'aime tous les types de musique

c. Le rock

5. Quelle sorte de souliers préfères-tu?

a. Des talons très hauts, très féminins.

b. Des talons bas, discrets

c. Des ballerines, c'est plus confortable.

6. Quel type de sac à main comptes-tu apporter?

a. Un petit sac, comme un porte-monnaie allongé dans lequel je pourrai garder tout ce que j'ai d'important.

b. Un sac à main miniature avec une ganse et des petits détails féminins.

c. Je n'apporterai pas de sac, je veux avoir les mains libres toute la soirée!

7. Comment souhaites-tu te maquiller?

a. Un maquillage classique, avec rouge à lèvres foncé.

b. Un maquillage très délicat, avec des tons pastel.

c. Un maquillage naturel.

8. Pour quelle raison vas-tu à ton bal de finissants?

a. Pour montrer mon look d'enfer à tout le monde!

b. Pour voir mes amis et avoir du plaisir!

c. Pour danser toute la nuit!

Résultats

SI TU AS UNE MAJORITÉ DE...

A = TA ROBE IDÉALE EST UNE ROBE SIRÈNE!

Toutes les femmes ont des courbes, et il ne faut pas se gêner pour les montrer! La robe sirène crée un effet de sablier qui équilibre la silhouette tout en mettant les tailles fines et les hanches rebondies en valeur. Robe féminine par excellence, elle est idéale pour mettre tes belles courbes en évidence et faire de toi la plus jolie fille de ton bal!

B = LA TAILLE EMPIRE T'IRAIT LE MIEUX!

En plus d'être classique et distinguée, cette coupe a l'avantage de pouvoir dissimuler les petits complexes qui t'énervent! Pour ton bal, tu dois être bien dans ta peau et fière de ta robe. Comme cette coupe avantage tous les types de silhouettes, tu es sûre de ne pas te tromper! Tu auras l'air d'une vraie princesse!

C = VAS-Y POUR LA ROBE COURTE!

La robe de bal courte revient à la mode et elle est idéale pour mettre tes jambes en valeur! De plus, puisque le bal est en été, une robe courte te permettra de te défouler sur la piste de danse sans avoir trop chaud! Allez, célèbre le retour de l'été avec une jolie robe courte!

Es-tu trop émotive ?

1. Tu pleures dès que quelqu'un hausse le ton.

Vrai

Faux

2. Quand tu te chicanes avec quelqu'un, tu as de la misère à t'exprimer sans pleurer.

Vrai

Faux

3. Tu as de la difficulté à voir une comédie romantique parce que les larmes embrouillent ta vision.

Vrai

Faux

4. Tu es du genre à te laisser mener par l'anxiété lorsque quelque chose te tracasse.

Vrai

Faux

5. Lorsque tu essaies d'exprimer tes sentiments, tu te mets souvent à bégayer.

Vrai

Faux

6. Tu pleures parfois en regardant les émissions des organismes humanitaires.

Vrai

Faux

7. Tu sens parfois que les larmes sont un handicap dans ta vie.

Vrai

Faux

8. On te dit souvent que tu es une fille super transparente.

Vrai

Faux

9. Quand tu obtiens une mauvaise note, tu te mets automatiquement à pleurer et tu crois que ton avenir est en danger.

Vrai

Faux

10. Tu pleures souvent quand on te raconte une histoire touchante.

Vrai

Faux

SI TU AS OBTENU UNE MAJORITÉ DE VRAI

Tu es une grande émotive. Tu es une fille super transparente qui ne peut pas cacher ses émotions, ce qui te rend très attachante, mais qui t'empêche parfois de t'exprimer ou de relativiser une situation. Lorsque tu sens que tu débordes d'émotions et que tu ne sais pas trop comment réagir, tente de prendre une grande respiration et de te calmer quelques instants. Tu verras, ça fait parfois toute la différence.

SI TU AS OBTENU AUTANT DE VRAI QUE DE FAUX

Tu es émotive à tes heures, mais tu parviens à refouler tes larmes au cinéma ou à exprimer ce que tu ressens sans trop de problèmes. Tu sais comment balancer le tout et tu n'as pas honte de verser quelques larmes lorsque tu en ressens le besoin.

SI TU AS OBTENU UNE MAJORITÉ DE FAUX

Tu n'es pas du genre à te laisser bouleverser par les événements extérieurs. Tu as une bonne écoute, mais tu parviens à relativiser tout ce qui se passe sans te laisser aller. Prends soin de ne pas former de barrière autour de toi et apprends à exprimer tes émotions de temps à autre. Je t'assure que tu te sentiras libérée d'un poids !

 # VOUS AVEZ DU COURRIER !

Chère Catherine,

J'aimerais savoir comment régler les chicanes, que ce soit avec ma best ou avec mes parents…

Aide-moi !

Il arrive à tout le monde de se chicaner. Après tout, quand on passe beaucoup de temps avec nos amies, nos parents, notre frère ou notre soeur, c'est normal d'avoir des malentendus et d'avoir des désaccords de temps à autre ! Évidemment, ce n'est pas toujours facile de marcher sur son orgueil et d'admettre ses torts, mais je pense que ça nous permet de nous améliorer et de régler les conflits plus rapidement.

Selon moi, la meilleure technique pour régler une chicane est d'abord de prendre le temps de décompresser. Après tout, ça ne sert à rien de s'expliquer si on se sent encore énervée et sur le point d'éclater ! Lorsque tu t'es calmée et que tu as eu le temps de réfléchir à ce qui s'est passé, tu peux aller voir la personne avec qui tu as eu un conflit pour chercher à t'expliquer. N'aie pas peur de faire les premiers pas, ni de lui exprimer tes sentiments et de t'excuser si tu sens que tu es allée trop loin et que tu as des torts dans cette histoire. C'est souvent quand on agit de façon mature que les choses se règlent ! Laisse aussi la chance à l'autre d'expliquer son point de vue et d'exprimer ce qu'elle ou il ressent. La communication est essentielle pour régler un conflit ! Je pense que c'est important d'aller au fond des choses et d'être complètement honnête pour ne pas garder de rancœur et pour repartir du bon pied !

Catherine

Es-tu une amie fidèle ?

1. Tes amies n'hésitent jamais à te confier un secret.

Vrai

Faux

2. Tu es toujours disponible quand une amie a besoin d'aide.

Vrai

Faux

3. Tu ne laisserais jamais tomber une amie pour un garçon.

Vrai

Faux

4. Le dicton « Les amours passent, les amis restent » te semble ridicule.

Vrai

Faux

5. Tu es plutôt potineuse.

Vrai

Faux

6. Tu n'hésites pas à dire ta façon de penser à ton amie si tu crois que son chum ne la mérite pas.

Vrai

Faux

7. Tu ne « bitches » jamais contre tes amies.

Vrai

Faux

8. Tu adores rendre service à tes copines.

Vrai

Faux

9. Si ton amie te confie un secret, tu risques d'en parler au reste de la gang.

Vrai

Faux

10. Tu n'es jamais jalouse de tes amies.

Vrai

Faux

Pointage

1. Vrai: 5 Faux: 0
2. Vrai: 5 Faux: 0
3. Vrai: 5 Faux: 0
4. Vrai: 0 Faux: 5
5. Vrai: 0 Faux: 5

6. Vrai: 5 Faux: 0
7. Vrai: 5 Faux: 0
8. Vrai: 5 Faux: 0
9. Vrai: 0 Faux: 5
10. Vrai: 5 Faux: 0

Résultats

MOINS DE 20 POINTS

Certes, tu tiens à tes amies, mais tu aurais avantage à être plus présente et plus généreuse de ton temps. L'amitié se travaille et la confiance se mérite, alors fais en sorte que tes copines puissent se confier à toi et compter sur toi lorsqu'elles en ont besoin. Tu verras que de vraies amitiés auront un impact extrêmement positif dans ta vie.

DE 20 À 35 POINTS

Tu es une amie plutôt fidèle, mais tu as des moments de faiblesse où l'envie de potiner ou de bitcher est plus forte que le reste. Efforce-toi de vaincre ces mauvaises habitudes et de donner tout ton soutien à tes copines. Tu en sortiras grandie !

PLUS DE 35 POINTS

Tu es une amie du tonnerre ! Les filles de ta gang savent qu'elles peuvent compter sur toi et que l'amitié est l'une de tes priorités dans la vie. Tu penses à leur bien-être avant tout et tu n'as pas peur de leur dire ce que tu penses lorsque leur bonheur est en jeu. Elles savent qu'elles peuvent t'appeler à toute heure du jour et de la nuit et que tu seras là pour les écouter. Elles sont chanceuses de t'avoir !

Quel superhéros serait ton gars idéal?

1. Qu'est-ce qui t'attire en premier, chez un garçon?

a. Son physique

b. Son intelligence

c. Son tempérament mystérieux

2. Quelle activité aimerais-tu faire avec ton amoureux?

a. Une activité sportive de son choix

b. Aller visiter un musée ou marcher au parc, main dans la main.

c. Aller manger dans un restaurant très chic.

3. Quel genre de cadeau voudrais-tu que ton amoureux te donne?

a. Une peluche

b. Un bon bouquin

c. Une fin de semaine dans un spa

4. Quel rôle tiendrait ton amoureux dans son cercle d'ami?

a. Le bagarreur

b. L'intello

c. Celui qui organise des fêtes

5. Qu'est-ce qui t'importe le plus?

a. Que je me sente en sécurité avec mon copain.

b. Qu'il me dise souvent que je suis belle.

c. Qu'il m'achète beaucoup de cadeaux.

6. Quelle série télévisée préfères-tu parmi les suivantes?

a. Les frères Scott

b. Glee

c. Gossip Girl : l'Élite de New York

7. Comment voudrais-tu que ton amoureux s'habille?

a. Décontracté et sportif

b. Un style soigné, mais confortable

c. Des marques griffées à toutes les occasions

PHONE

Résultats

SI TU AS UNE MAJORITÉ DE…

A = WOLVERINE EST TON SUPERHÉROS IDÉAL!

Tu as besoin d'un gars qui a du charme et de la gueule, qui est actif et assez musclé! Avec un tel copain, tu serais certaine de rester active et tu te sentirais toujours en sécurité dans ses bras!

B = TON GARS DE RÊVE EST SPIDER-MAN!

Les muscles, ce n'est pas trop ton truc; ce qui t'importe avant tout, c'est la personnalité et l'intelligence de ton copain! Avec Spider-Man, tu pourrais passer du temps de qualité à découvrir des endroits merveilleux, comme des musées, des théâtres… Du plaisir garanti avec ce charmant intello!

C = BATMAN EST FAIT POUR TOI!

Riche, mystérieux, ténébreux et énigmatique, il est l'homme parfait pour la fille rêveuse et aventurière qui sommeille en toi! Jamais ennuyant, il t'accompagnerait dans les fêtes et te ferait découvrir le monde! Un homme de rêve, quoi!

Es-tu une fille de party ?

1- **Tu cherches toujours une façon de t'amuser.**
- D'accord
- Pas d'accord

2- **Pour toi, la fin de semaine est synonyme de fête.**
- D'accord
- Pas d'accord

3- **Tu prends la vie en riant.**
- D'accord
- Pas d'accord

4- **Tu adores organiser des fêtes.**
- D'accord
- Pas d'accord

5- **Dans les soirées, tu t'arranges toujours pour que tout le monde s'amuse.**
- D'accord
- Pas d'accord

6- **Tu adores danser.**
- D'accord
- Pas d'accord

7- **Tu aimes faire des folies avec tes amies.**
- D'accord
- Pas d'accord

8- **Le rire et la fête sont les meilleurs remèdes contre le cafard !**
- D'accord
- Pas d'accord

9- **Tu as très hâte d'avoir 18 ans pour pouvoir aller danser et faire la fête légalement !**
- D'accord
- Pas d'accord

10- **Les gens t'invitent toujours à leurs fêtes.**
- D'accord
- Pas d'accord

Pointage

Accorde-toi 5 points pour chaque énoncé avec lequel tu es d'accord.

Résultats

MOINS DE 40 POINTS – UN PEU DE SÉRIEUX.

Tu es plutôt sérieuse et tu n'es pas super friande des fêtes. Tu y assistes quand on t'y invite, mais, de façon générale, tu t'y sens plutôt mal à l'aise et tu préférerais être chez toi. Bien que tu sois pantouflarde, rien ne t'empêche de lâcher ton fou de temps à autre ! C'est bon pour le moral !

ENTRE 40 ET 70 POINTS – FÊTARDE À TES HEURES.

Tu sais t'amuser lors d'une fête, mais tu es tout aussi capable de rester tranquille chez toi et d'être sérieuse. Tu as parfois besoin de lâcher ton fou pour faire tomber la pression ou fêter un événement. Bref, tu sais comment décrocher quand tu en ressens le besoin !

ENTRE 70 ET 100 POINTS – LA FILLE DE PARTY !

Pour toi, la vie est un carnaval. Tu aimes t'amuser et rien ne peut t'empêcher de faire la fête et de mettre de l'ambiance pour que les gens s'amusent, ce qui te rend super populaire auprès des autres. Fais gaffe à ne pas négliger les autres aspects de ta vie !

VOUS AVEZ DU COURRIER !

Salut Catherine,

Je me sens mal d'avouer ça, mais je suis jalouse de ma best. J'ai l'impression que les gars s'intéressent plus à elle qu'à moi, et qu'elle est meilleure que moi dans tout. Je me compare beaucoup à elle, et ça ne me fait pas sentir super bien.

Que devrais-je faire ?

Je sais qu'on a souvent la fâcheuse habitude de se comparer aux autres et de se trouver moche, mais je pense que c'est important que tu apprennes à te valoriser sans être en compétition avec ta meilleure amie. Je sais que tu crois qu'elle est meilleure que toi dans tout, mais tu as certainement des talents ou des traits de personnalité qui te rendent spéciale aux yeux des autres. Essaie de te concentrer davantage sur les choses que tu aimes chez toi et qui te rendent unique !

Dis-toi aussi que ton amie a certainement des complexes elle aussi et que ça doit lui arriver souvent de se comparer à toi et aux autres filles de votre entourage ! Je pense que le mieux à faire est de travailler sur ton estime et d'apprendre à t'aimer telle que tu es, avec tes qualités et tes défauts. Même si tu as l'impression que ton amie attire plus les regards que toi, ça ne veut pas dire que tu ne rencontreras pas un gars spécial qui tombera amoureux de toi ! On est comme on est. Tu ne deviendras jamais exactement comme ton amie, alors il vaut mieux travailler à te sentir bien dans ta peau et à mettre tes talents et tes qualités en valeur !

Catherine

Edward ou Jacob :
quel personnage de twilight serait ton amoureux idéal?

1. Préférerais-tu un gars…

a. Intelligent

b. Passionné

2. Comment aimerais-tu qu'il t'invite à sortir?

a. Avec un mot glissé discrètement dans mon casier.

b. Qu'il m'invite à une sortie de groupe. C'est moins gênant ainsi!

3. Le plus beau cadeau qu'il pourrait te faire?

a. Un bijou avec une gravure significative et romantique

b. Une proposition d'escapade romantique

4. Es-tu une fille sociable?

a. J'ai quelques bons amis, mais je suis aussi solitaire.

b. Oui, et j'aime passer beaucoup de temps avec mes amis et mon copain!

5. Aimes-tu faire des activités à l'extérieur avec ton copain?

a. Non, je suis un peu pantouflarde.

b. Oui, je suis très active.

6. Quel lieu préfères-tu?

a. La ville

b. La forêt

7. Quelle serait la plus grande qualité de ton copain idéal?

a. Intelligent

b. Généreux

Résultats

A = EDWARD EST FAIT POUR TOI!

Intelligent, mystérieux et sensible, le beau Edward a gagné ton cœur dès le début de la saga Twilight! Tu adores les garçons profonds et sombres qui aiment passer du temps de qualité seul avec toi. Avec son côté romantique et son penchant pour les arts, Edward est décidément fait pour toi!

B = JACOB EST TON COPAIN IDÉAL!

Ses muscles ont fait fondre ton cœur dès le premier regard! Jacob est un sportif et sera toujours là pour toi.
Tu peux compter sur un garçon comme lui pour te faire découvrir des sports extrêmes et des lieux hors du commun!

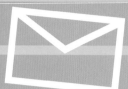
Salut Catherine,

L'an prochain, je commence le secondaire et j'ai vraiment peur d'être rejet. Je suis un peu timide…

Comment me faire des amis ?

La bonne nouvelle, c'est que tout le monde est nouveau en secondaire 1, et que tous tes camarades de classe se retrouveront dans le même bateau que toi ! Je sais que ça fait peur de commencer le secondaire et de perdre tes points de repère, mais dis-toi que tu auras plus d'indépendance et que tu feras certainement des rencontres géniales qui pourront changer ta vie ! Je sais aussi que ce n'est pas facile d'aller vers les autres quand on est timide, mais c'est important que tu apprennes à t'ouvrir à tes camarades pour qu'ils puissent te connaître davantage.

Tu peux leur poser des questions et t'intéresser à ce qu'ils font. Je crois que l'humour est aussi une excellente façon de briser la glace ! N'aie pas peur de donner ton opinion et de leur montrer à quel point tu es géniale ! Non seulement tu verras que ça te permet de tisser des liens avec certaines personnes, mais tu seras super fière d'avoir surpassé ta timidité !

N'hésite pas non plus à t'impliquer en classe, dans les comités, les activités ou les équipes sportives pour connaître des gens et te faire des amis avec qui tu auras plein d'affinités ! Bonne chance !

Catherine

Est-il vraiment amoureux de toi ?

1. À quelle fréquence parles-tu à ton chum ?

a) Au moins une fois par jour.

b) Au moins dix fois par jour.

c) Deux à trois fois par semaine.

2. Ton chum t'invite-t-il souvent à faire des activités avec lui ?

a) De temps à autre, mais c'est souvent avec ses amis.

b) Au moins une fois par semaine.

c) Il planifie tout le temps des activités.

3. Ton chum te fait-il souvent des surprises ?

a) Oui, très souvent.

b) Rarement.

c) Jamais.

4. Quand tu es avec ton chum :

a) Il me regarde tendrement et me couvre d'attentions.

b) Il passe son temps à parler au téléphone avec ses amis.

c) Il me parle de tout et de rien et invite souvent ses amis à se joindre à nous.

5. Ton chum t'a-t-il présentée à sa famille ?

a) Oui

b) Non, car il n'est pas encore prêt.

c) Non, parce que l'occasion ne s'est pas encore présentée.

6. Est-ce que ton chum a une bonne écoute ?

a) Oui, et il me donne des conseils quand j'en ai besoin.

b) Il m'écoute quand je le lui demande, mais c'est parfois difficile d'attirer son attention.

c) J'ai souvent l'impression que mes problèmes lui passent 10 pieds au-dessus de la tête.

7. Ton chum t'a-t-il dit qu'il t'aimait ?

a) Non, et je ne crois pas que ce soit pour bientôt.

b) Non, car il a de la difficulté à exprimer ses sentiments.

c) Oui !

8. Quel est le SMS que tu reçois le plus souvent de la part de ton chum ?

a) Je t'embrasse.

b) Je pense à toi et tu me manques.

c) As-tu fait le devoir de chimie ?

Pointage

1. a) 2	b) 3	c) 1		5. a) 1	b) 3	c) 2
2. a) 1	b) 2	c) 3		6. a) 3	b) 2	c) 1
3. a) 3	b) 2	c) 1		7. a) 1	b) 2	c) 3
4. a) 3	b) 1	c) 2		8. a) 2	b) 3	c) 1

Résultats

MOINS DE 10 POINTS

Ton chum ne semble pas t'aimer à ta juste valeur. Il a peut-être besoin de plus de temps, ou alors ça ne clique tout simplement pas de son côté. Quoi qu'il en soit, c'est à toi de déterminer quels sont tes besoins et si une telle relation te rend heureuse. Si tu as besoin de plus, je suis sûre qu'il existe plein de gars qui ne demandent pas mieux que d'apprendre à te connaître davantage !

DE 10 À 18 POINTS

Ton chum n'est peut-être pas encore fou de toi, ou du moins il n'est pas encore prêt à le dévoiler, mais ça ne veut pas dire qu'il n'est pas attaché à toi et qu'il ne tardera pas à exprimer ses sentiments. Certains gars ont parfois besoin d'un peu plus de temps avant de révéler leurs sentiments et d'exposer leur amour au grand jour, alors sois patiente et n'hésite pas à faire les premiers pas si tu crois qu'il en vaut la peine.

PLUS DE 18 POINTS

C'est l'amour fou ! Ton chum et toi n'avez visiblement aucun problème à exprimer ce que vous ressentez l'un pour l'autre et tu sais que tu peux compter sur lui quand ça ne va pas ! Félicitations ! Tu as touché le gros lot !

Quel roman devrais-tu lire?

1. Quel est ton genre de roman?

a. J'aime les romans d'aventures, le fantastique…

b. Les romans d'amour

c. La science-fiction, l'horreur…

2. Préfères-tu un roman où…

a. Ton imaginaire est stimulé

b. Tu peux t'identifier aux différents personnages

c. Tu es incapable d'arrêter de lire, tant le livre te tient en haleine

3. Aimes-tu lire de gros romans?

a. Oui, j'adore! J'aime beaucoup les trilogies, les séries qui ont plusieurs tomes…

b. Non, je ne lis pas assez souvent pour être capable de suivre une très longue histoire.

c. Peu importe la longueur, pourvu que ce soit vraiment intéressant!

4. Préfères-tu les romans…

a. Éclatés

b. Réalistes

c. Effrayants

5. Cherches-tu un roman facile à lire?

a. Pas particulièrement, j'aime les défis de lecture!

b. Non, tant qu'il est bien écrit, ça me va!

c. Ce qui m'importe le plus, c'est l'histoire.

6. Aimes-tu les romans qui ont de l'humour?

a. Oui, j'aime les romans qui ont une touche d'humour.

b. Oui, j'aime les romans qui me font éclater de rire!

c. Non, pas particulièrement

7. Ce que tu as préféré, comme roman?

a. La série des Harry Potter

b. Le journal d'Aurélie Laflamme

c. La saga des Uglies

Résultats

A = LE CYCLE DE L'HÉRITAGE, DE CHRISTOPHER PAOLINI!

Dans cette saga, un jeune homme nommé Eragon devient un dresseur de dragon et doit se battre contre différents ennemis. C'est une quête épique qui te mènera à explorer avec Eragon un univers coloré, merveilleux et original! C'est un livre savoureux pour l'amatrice de merveilleux en toi, qui te captivera du début à la fin!

B = LE JOURNAL D'AURÉLIE LAFLAMME, D'INDIA DESJARDINS!

En terme de littérature pour ados, cette série de romans qui comporte huit titres ne donne pas sa place. On y raconte les aventures d'Aurélie Laflamme, une jeune adolescente qui confie à son journal intime ses péripéties quotidiennes, ses relations avec ses amis et, bien sûr, avec les garçons! Un roman sympa qui est certain de t'amuser!

C = HUNGER GAMES DE SUZANNE COLLINS!

Cette trilogie de romans très originale suit les aventures de Katniss Everdeen, une jeune fille qui habite dans le district 12 de Panem, une Amérique futuriste et ravagée par d'interminables guerres. Tous les ans, un jeu meurtrier est organisé au Capitol de Panem, durant lequel un garçon et une fille de chaque quartier, vingt-quatre candidats en tout, se battent à mort pour gagner de la nourriture pour leur district. Beaucoup plus qu'une simple histoire de violence, Hunger Games est un roman captivant, bien construit et truffé de personnages fascinants. Tu seras tout simplement incapable de le déposer!

VOUS AVEZ DU COURRIER !

Chère Catherine,

Je suis sortie avec un gars et j'ai cassé. J'aimerais reprendre avec lui, mais il sort avec une autre fille. Je l'ai appelé pour lui demander s'il voulait sortir avec moi et il m'a dit quand je vais casser avec ma blonde peut-être. Ça me prouve qu'il veut juste une blonde alors d'un côté je ne veux plus sortir avec lui, mais de l'autre oui, car je l'aime... Mais chaque fois qu'il casse, il sort avec une autre fille.

Que faire?

Anaïs

Chère fille Anaïs,

Si tu ne crois pas à la sincérité de ses sentiments, tu devrais peut-être l'affronter à ce sujet. Si tu te crois vraiment amoureuse de lui, tu as le droit de vouloir que ce soit réciproque, mais si tu en doutes, tu risques de te faire mal...

Donne-lui la chance de s'expliquer, mais si tu ne sens pas qu'il ressent vraiment quelque chose de sincère pour toi, il vaut peut-être mieux t'intéresser à quelqu'un qui te mérite, qui t'aime et qui te respecte.

Bonne chance,

Catherine

Êtes-vous faits l'un pour l'autre ?

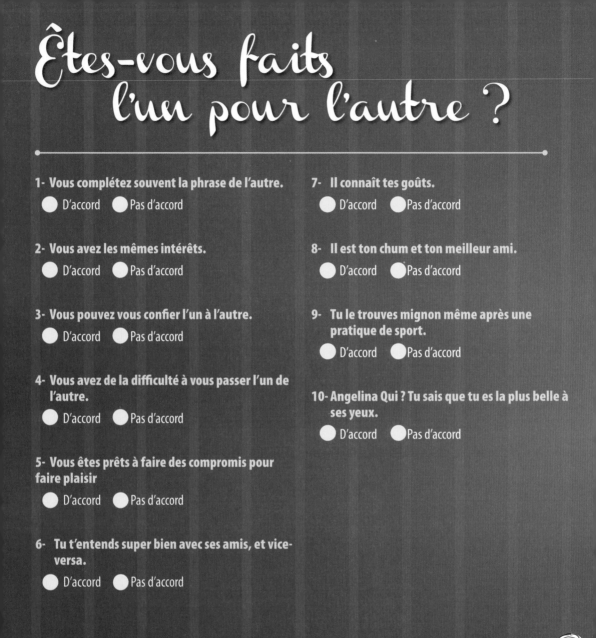

1- Vous complétez souvent la phrase de l'autre.

○ D'accord ○ Pas d'accord

2- Vous avez les mêmes intérêts.

○ D'accord ○ Pas d'accord

3- Vous pouvez vous confier l'un à l'autre.

○ D'accord ○ Pas d'accord

4- Vous avez de la difficulté à vous passer l'un de l'autre.

○ D'accord ○ Pas d'accord

5- Vous êtes prêts à faire des compromis pour faire plaisir

○ D'accord ○ Pas d'accord

6- Tu t'entends super bien avec ses amis, et vice-versa.

○ D'accord ○ Pas d'accord

7- Il connaît tes goûts.

○ D'accord ○ Pas d'accord

8- Il est ton chum et ton meilleur ami.

○ D'accord ○ Pas d'accord

9- Tu le trouves mignon même après une pratique de sport.

○ D'accord ○ Pas d'accord

10- Angelina Qui ? Tu sais que tu es la plus belle à ses yeux.

○ D'accord ○ Pas d'accord

Pointage

Accorde-toi 5 points pour chaque énoncé avec lequel tu es d'accord.

Résultats

MOINS DE 40 POINTS – COUPLE DÉPAREILLÉ

Vous vous amusez peut-être beaucoup ensemble, mais tu ne te sens pas en complète harmonie avec lui, vous n'avez pas tant de choses en commun et tu ne te vois certainement pas passer ta vie à ses côtés. Regarde autour de toi, le prince charmant pourrait frapper à ta porte !

ENTRE 40 ET 70 POINTS – QUAND Y'A DE L'AMOUR, Y'A DE L'ESPOIR

Vous passez des moments super ensemble et tu sens que ça clique, mais il vous reste encore beaucoup à apprendre l'un de l'autre. Tu sens que cette relation pourrait sans doute aller loin, mais tu aimerais parfois que les choses se fassent plus naturellement. Ne te décourage pas et apprends à bien le connaître avant de baisser les bras !

ENTRE 70 ET 100 POINTS – LE COUPLE IDÉAL

Vous allez si bien ensemble et vous vous complétez si bien que vous faites l'envie des gens qui vous entourent ! Tout semble si simple avec lui ! Il est ton ami, ton copain, ton confident ! Tu en as, de la chance ! Prends soin de ton homme, il le mérite !

Quel maquillage correspond le mieux à ta personnalité?

1. Es-tu timide?

a. Non, pas du tout

b. Oui, mais pas avec mes amis

c. Oui, je suis timide

2. Portes-tu souvent du maquillage?

a. Presque tous les jours

b. Pour les occasions spéciales

c. Pas très souvent, non

3. Considères-tu que tu t'y connais en maquillage?

a. Oui, je crois que je m'y connais assez bien!

b. Je me débrouille

c. Non, mais j'aimerais m'y connaître un peu mieux.

4. Quel est ton style vestimentaire?

a. Éclaté

b. Sobre

c. Confortable

5. Aimes-tu attirer les regards?

a. Oui, j'aime bien ça!

b. Pas vraiment… à part celui des garçons qui me plaisent!

c. Non, pas vraiment. J'aime passer inaperçu.

6. Combien de temps prends-tu à te préparer le matin?

a. Plus de 45 minutes

b. Plus de 25 minutes

c. Moins de 25 minutes

7. Quelle est la partie de ton visage que tu préfères?

a. J'aime l'harmonie de mon visage en général.

b. Mes yeux

c. Ma bouche

8. As-tu des imperfections que tu voudrais camoufler?

a. Mon teint un peu trop pâle

b. Mes petits cernes

c. Mon teint un peu rougeâtre

Résultats

SI TU AS UNE MAJORITÉ DE …

A = VAS-Y POUR UN MAQUILLAGE GLAM!

Avec ta confiance et tes connaissances en maquillage, tu peux oser un style un peu plus éclaté et te permettre de jouer avec les ombres à paupières, les rouges à lèvres, les fards… Maquillée avec précision, en harmonisant bien les couleurs comme toi seule sais le faire, tu attireras l'attention partout où tu iras! Va à la page suivante pour des petits trucs de beauté!

B = TON MAQUILLAGE IDÉAL EST UN MAQUILLAGE CLASSIQUE!

Avec du eye-liner noir, tu pourrais réaliser un regard félin et irrésistible! Ce look s'agencerait parfaitement à ta personnalité réservée, distinguée et charmante. Il ne manque plus qu'une touche de rouge pour accentuer ton magnifique sourire! Va à la page suivante pour des conseils pratiques!

C = OPTE POUR UN MAQUILLAGE NATUREL!

Même si tu ne cherches pas à attirer les regards, tu peux tout de même utiliser un peu de maquillage afin de souligner ta beauté naturelle et de mettre tes atouts en valeur! Avec un peu de fard à joues et de brillant à lèvres, tu pourrais réaliser un maquillage naturel et pratique (qui ne coulera pas et que tu n'auras pas besoin de retoucher) en un tour de main! Va à la page suivante pour découvrir comment réaliser ton maquillage de rêve!

Extravertie ou introvertie ?

1. Poses-tu souvent des questions en classe ?

a) Presque jamais.

b) De temps à autre.

c) Super souvent.

2. Aimes-tu donner ton opinion sur des sujets d'actualité ?

a) Oui, j'adore ça.

b) Non, je préfère écouter les autres.

c) Ça dépend si le thème me tient à cœur.

3. As-tu de la facilité à te faire de nouveaux amis ?

a) Non, je suis plutôt timide.

b) Oui, je parle à tout le monde.

c) J'ai de la facilité quand je me sens à l'aise.

4. Pendant les soupers de famille :

a) Tu suis les conversations et tu t'y joins quand tu as quelque chose à dire.

b) Tu écoutes les autres sans trop t'en mêler.

c) Tu parles tout le temps !

5. En classe :

a) Tu poses souvent des questions et tu te joins aux discussions.

b) Tu restes tranquille et tu poses une question de temps à autre.

c) Tu t'assois au fond et tu écoutes les autres.

6. Lorsque tu es avec ton groupe d'amies :

a) Tu racontes tes histoires.

b) Tu écoutes tes amies parler et tu les conseilles quand elles te le demandent.

c) Tu te joins aux discussions, mais tu ne te bats pas pour avoir l'attention.

7. Quand tu as un rendez-vous avec un gars :

a) Tu bégaies un peu et tu essaies de remplir les silences inconfortables.

b) Tu lui poses des questions pour détendre l'atmosphère.

c) Tu lui racontes ta vie.

8. As-tu peur des exposés oraux ?

a) C'est ma hantise.

b) Non, ça ne me stresse pas du tout de parler devant les gens.

c) Je n'aime pas ça, mais, quand je maîtrise la matière, je m'en tire bien.

Pointage

1. a) 1	b) 2	c) 3		5. a) 3	b) 2	c) 1
2. a) 3	b) 1	c) 2		6. a) 3	b) 1	c) 2
3. a) 1	b) 3	c) 2		7. a) 1	b) 2	c) 3
4. a) 2	b) 1	c) 3		8. a) 1	b) 3	c) 2

Résultats

MOINS DE 10 POINTS - INTROVERTIE.

Tu es plutôt introvertie et tu as tendance à te replier sur toi-même et à ne pas exprimer ce que tu penses. N'aie pas peur de sortir de ta coquille et de t'ouvrir aux gens qui t'entourent ! Je suis sûre que tu as des tas de choses intéressantes à raconter !

DE 10 À 18 POINTS - JUSTE MILIEU

Tu n'es pas celle qui se battra pour défendre son opinion devant les autres ou qui parlera à tout le monde sans être gênée, mais tu n'as pas la langue dans ta poche et tu sais intervenir aux bons moments et interagir avec le monde extérieur.

PLUS DE 18 POINTS - EXTRAVERTIE

Tu n'as pas peur d'exprimer tes émotions et de dire ce que tu penses. Tu as de la facilité à parler aux gens et tu n'es pas du tout gênante comme personne, ce qui te rend très spéciale. Prends soin de laisser parler les autres; certaines sont plus timides, mais ont des tas de choses à dire !

VOUS AVEZ DU COURRIER !

Salut Catherine,

Cette année, je change d'école et je dois repartir à zéro.

Je ne sais pas comment m'adapter à ce nouvel environnement ni comment rencontrer des gens. J'ai peur de me retrouver toute seule !

Aide-moi !

Je sais à quel point ce n'est pas évident de repartir à zéro dans un endroit qu'on ne connaît pas, loin de tous nos points de repère. C'est évident que ce n'est pas facile d'être déracinée et de recommencer dans un nouvel environnement, et c'est pourquoi tu dois t'accorder une période d'adaptation pour te familiariser avec les gens qui t'entourent et avec les lieux que tu fréquentes. Dis-toi que c'est tout de même excitant de plonger dans une nouvelle aventure et de pouvoir rencontrer de nouveaux amis !

Pour t'aider, tu peux t'inscrire dans une équipe sportive, un comité ou une activité parascolaire que tu aimes. Ça te permettra de t'intégrer plus facilement et de rencontrer des gens avec qui tu auras des affinités ! Aussi, n'aie pas peur de faire les premiers pas et d'aller vers les gens qui t'entourent. Intéresse-toi à eux et montre-toi ouverte. Je suis certaine qu'en apprenant à les connaître, tu pourras tisser des liens étroits avec certains d'entre eux ! En résumé, ne te décourage pas, car je t'assure qu'on finit par s'habituer aux nouveaux environnements et par se sentir chez soi dans une nouvelle école !

Catherine

Peux-tu être amie avec un gars ?

1- Tu peux te sentir tout à fait à l'aise en présence d'un gars.

   ○ D'accord   ○ Pas d'accord

2- Tu aimes faire des activités avec des gars.

   ○ D'accord   ○ Pas d'accord

3- Tu te tiens avec des gars pour qui tu n'éprouves aucune attirance.

   ○ D'accord   ○ Pas d'accord

4- Tu peux être en présence d'un gars sans qu'il y ait la moindre tension amoureuse.

   ○ D'accord   ○ Pas d'accord

5- Tu es toujours prête à donner des conseils de filles aux gars.

   ○ D'accord   ○ Pas d'accord

6- Si tu embrassais ton ami, c'est comme si tu embrassais ton frère. Beurk !

   ○ D'accord   ○ Pas d'accord

7- Tu n'éprouves aucune jalousie quand un ami passe du temps avec sa blonde.

   ○ D'accord   ○ Pas d'accord

8- Tu sors habituellement avec des gars avec qui tu n'as pas d'abord été amie.

   ○ D'accord   ○ Pas d'accord

9- Tu trouves que les gars sont drôles, dynamiques et pas compliqués.

   ○ D'accord   ○ Pas d'accord

10- Tu sens que tes amis te perçoivent comme leur petite sœur.

   ○ D'accord   ○ Pas d'accord

Accorde-toi 5 points pour chaque énoncé avec lequel tu es d'accord.

Résultats

MOINS DE 40 POINTS – AMIE AVEC INTÉRÊT

Tu adores peut-être passer du temps avec les garçons, mais il est très rare que ce soit sans intérêt. De façon générale, tu te tiens plus avec les filles et tu as un peu de misère à entretenir une amitié avec un gars sans que ça mène à autre chose ou qu'il y ait de la tension entre vous deux. Prudence !

ENTRE 40 ET 70 POINTS – TERRAIN GLISSANT

Il y a certains gars avec qui tu te sens super à l'aise et que tu perçois comme des frères, mais tu ne peux pas en faire une règle générale. Il t'arrive de craquer pour un ami ou de devenir amie avec un gars en espérant développer autre chose. En d'autres mots, prends soin de bien déterminer la nature de tes sentiments pour ne pas avoir de mauvaise surprise !

ENTRE 70 ET 100 POINTS – UNE FILLE DANS LA GANG DE GARS

Tu n'éprouves aucun malaise à te tenir avec des gars, à les conseiller s'ils ont des problèmes avec leur blonde et à rigoler avec eux sans que ça devienne trop louche. Tu fais partie des gens qui peuvent véritablement construire une amitié avec un gars sans qu'il y ait de tension, ni de sentiments amoureux d'un côté comme de l'autre ! Chanceuse !

Comment réaliser ton maquillage de rêve!

MAQUILLAGE GLAM :

Commence avec un bon fond de teint que tu peux appliquer sur tes rougeurs ou tes cernes. Sur tes yeux, tu vas appliquer de l'ombre à paupières, alors il te faut choisir trois couleurs agencées en t'aidant des exemples suivants :

Si tu as les yeux verts : tu peux choisir des teintes de mauve ou de brun.
Si tu as les yeux bleus : tu peux choisir des teintes de bleu ou de gris.
Si tu as les yeux bruns : tu peux choisir des tons chauds, comme du orange, du doré ou du brun.

Pour les paupières, il te faut une teinte plus pâle et lumineuse, une teinte très vive et une teinte plus sombre. Commence par appliquer la teinte la plus pâle sur toute ta paupière et ton arcade sourcilière. Ensuite, applique la teinte la plus vive sur ta paupière mobile seulement, puis la teinte la plus foncée dans le coin extérieur de ta paupière. Tu peux y arriver en tirant celle-ci vers l'extérieur avec un doigt et en appliquant l'ombre avec l'autre main. Après avoir ajouté ton ombre à paupières, applique une couche de mascara sur tes cils supérieurs, puis une sur tes cils inférieurs pour obtenir un look vraiment glamour!

Pour les joues, tu peux appliquer un fard rosé avec un gros pinceau, en partant de l'intérieur de ton visage et en brossant délicatement vers le haut de tes pommettes.

Pour les lèvres, un peu de brillant est de mise! Opte pour une couleur qui s'harmonise avec celle de ton fard à joues. Par exemple, si tu préfères un fard foncé, plutôt orangé, opte pour un brillant à lèvres corail. Si tu préfères un fard rosé, opte pour la même teinte sur tes lèvres! Tu peux même utiliser ton rouge à lèvres comme fard à joues pour un look totalement agencé!

Voilà pour ton look glamour!

MAQUILLAGE CLASSIQUE :

Pour le maquillage classique, l'œil de biche est de mise! Pour réaliser ce maquillage, il te faut un eyeliner, soit un traceur à paupières liquide, ainsi que du mascara. Commence par appliquer un peu de cache-cernes sur ta paupière mobile et sous ton œil pour le pâlir et atténuer tes cernes. Ensuite, tire ta paupière vers l'extérieur (afin d'appliquer l'eyeliner le plus près possible de tes cils) et trace un trait à l'aide de ta main gauche si tu es gauchère, ou de la droite si tu es droitière. Bien entendu, cette technique requiert un peu de pratique, mais tu t'habitueras rapidement à appliquer ton eyeliner! Après avoir tracé un trait sur toute la base de tes cils, applique généreusement du mascara sur tes cils d'en haut seulement.

Pour les lèvres, tu peux opter pour un rouge à lèvres ou pour un brillant à lèvres rouge. C'est la couleur parfaite pour compléter ton maquillage classique! Sache par contre que le rouge écarlate ne va pas bien à tout le monde. Il est important de trouver une teinte de rouge qui soit appropriée à ton teint. Afin de déterminer ta propre nuance de rouge, regarde tes poignets. De quelle couleur sont tes veines? Sont-elles plus bleutées ou vertes? Si elles sont bleues, tu devrais opter pour un rouge qui tire sur le mauve, et si elles sont vertes, c'est que le rouge écarlate ou orangé est fait pour toi!

Voilà pour le maquillage classique!

MAQUILLAGE NATUREL :

Il est très facile de réaliser ce type de maquillage. Commence par appliquer du cache-cernes sur tes rougeurs et sous tes yeux. Ensuite, applique une couche de mascara sur tes cils supérieurs. Pour les lèvres, tu peux y aller avec un baume teinté ou un rouge à lèvres dont la teinte se rapproche de la couleur naturelle de tes lèvres, et voilà!

Quel est ton rôle dans ton groupe d'amies ?

1. Lorsque tes amies et toi organisez une fête :

a) Tu t'occupes des décorations.
b) Tu te charges de tout.
c) Tu te pointes à l'heure indiquée et tu suis les instructions qu'on te donne.

2. Tu es follement amoureuse d'un gars. En parles-tu à tes amies ?

a) Non, je préfère me confier à mon journal intime
b) Bien sûr, mes amies sont là pour m'écouter.
c) Évidemment ! J'organise un conseil de groupe pour trouver une façon de le conquérir.

3. À la cafétéria, tu es celle :

a) Qui parle à tout le monde et qui mène la discussion.
b) Qui écoute et qui suit les autres.
c) Qui se joint aux discussions et qui rigole, mais sans trop prendre de place.

4. Tes amies ont-elles parfois peur de toi ?

a) Jamais ! Elles savent que je ne m'emporte jamais.
b) Des fois, quand je m'emporte, mais sinon jamais.
c) Oui, car elles craignent que je les rejette.

5. Invites-tu souvent tes amies chez toi ?

a) Oui, très souvent.
b) Parfois.
c) Jamais.

6. Tes amies te demandent-elles souvent ton avis pour savoir si quelque chose est cool ?

a) Ça arrive, mais surtout celles de qui je suis le plus proche.
b) Jamais parce que je ne suis pas du genre à m'exprimer là-dessus.
c) Tout le temps parce que je suis celle qui établit le barème.

7. Quel est ton style vestimentaire ?

a) Je suis du genre à m'habiller comme les autres et à suivre la mode.
b) Je m'habille de façon super originale et je mets ce qui me plaît.
c) Un peu de tout, mais j'essaie quand même de trouver une touche d'originalité.

8. Dans une soirée-pyjama avec tes amies :

a) Tu racontes tout sur le dernier gars que tu as embrassé.
b) Tu fais faire des tests aux autres filles et tu poses les questions.
c) Tu écoutes, mais tu ne racontes pas vraiment tes trucs personnels.

1. a) 2	b) 3	c) 1		5. a) 3	b) 2	c) 1
2. a) 1	b) 2	c) 3		6. a) 2	b) 1	c) 3
3. a) 3	b) 1	c) 2		7. a) 1	b) 3	c) 2
4. a) 1	b) 2	c) 3		8. a) 2	b) 3	c) 1

Résultats

MOINS DE 10 POINTS

Tu as tendance à t'effacer lorsque tu es en groupe et à suivre les autres plutôt que de t'affirmer. Tu as tellement peur du ridicule que tu préfères te taire et écouter ce que tes amies ont à dire. Tu dois apprendre à faire confiance en ton jugement et à t'exprimer avec tes amies. Je suis sûre que tu as des tas de choses intéressantes à dire. Si tes amies ne te mettent pas à l'aise, tu peux aussi songer à changer de gang…

DE 10 À 18 POINTS

Tu es l'amie fidèle qui prend position dans la gang, mais qui ne s'impose pas non plus. Lorsque tu as quelque chose à dire, tu le fais, et tu n'hésites pas à confier tes secrets à tes amies, mais ce n'est pas toujours toi qui vas prendre les devants. Aussi, tu préfères parfois te rapprocher de certaines personnes à qui tu peux faire confiance plutôt que d'être en gang et imiter les autres.

PLUS DE 18 POINTS

Tu es la leader du groupe ! Tu n'as pas peur de prendre les devants et d'organiser des soirées et des activités avec tes amies. Bien que ton aplomb te serve dans plusieurs sphères de ta vie, tu dois tout de même prendre soin de ne pas blesser tes amies en étant trop brusque avec elles ou en abusant de ton influence pour les rejeter de la gang. Tu peux être leader et sensible à la fois, ça te rendra encore plus géniale aux yeux de tes amies !

Quel est ton sport d'été idéal?

1. Aimes-tu jouer en équipe?

a. Oui, c'est ce que je préfère!

b. Oui, mais je me débrouille aussi très bien toute seule!

c. Je préfère les sports individuels.

2. Aimes-tu les sports extérieurs?

a. Oui, j'adore jouer dehors, peu importe la température!

b. Ça m'est égal!

c. Je préfère ne pas jouer dehors quand il pleut.

3. Sais-tu te plier à un horaire fixe?

a. Oui, sans problème

b. Lorsque ça m'arrange

c. Je préfère choisir mon horaire moi-même.

4. As-tu beaucoup de temps à consacrer au sport?

a. 3 à 4 heures par semaine

b. 1 à 2 heures par semaine

c. Non, mais je veux être active quand même!

5. Quel est ton point fort dans le domaine sportif?

a. Mon cardio

b. La force de mes bras

c. La force de mes jambes

6. As-tu beaucoup de visou?

a. Vraiment beaucoup

b. Je me débrouille

c. Pas vraiment

7. As-tu beaucoup d'équilibre?

a. Ce n'est pas ma force!

b. Plus ou moins

c. Vraiment beaucoup

8. Aimes-tu les sports qui bougent beaucoup? Serais-tu prête à faire des cascades pour un sport?

a. Je préfère les sports avec un minimum de contact.

b. Oui, je suis une véritable cascadeuse!

c. Absolument pas! Il faut que ce soit totalement sécuritaire!

Résultats

SI TU AS UNE MAJORITÉ DE…

A = LE SOCCER EST FAIT POUR TOI!

Ce qu'il te faut pour cet été, c'est un sport qui te permette de bouger beaucoup, mais sans trop de contacts, et de côtoyer plein de gens! En équipe, tu t'amuses toujours plus!

B = LA BALLE-MOLLE EST TON SPORT À DÉCOUVRIR!

Moins populaire que le soccer au Québec, la balle-molle est une version un peu différente du baseball, avec sensiblement les mêmes règles, mais avec une balle un peu plus grosse! C'est un sport d'équipe où tu auras aussi un rôle individuel à jouer et qui te permettra de bouger beaucoup et de montrer à tous tes talents de cascadeuse!

C = TU DEVRAIS TE METTRE AU PATIN À ROULETTES!

Avec ton équilibre et ton amour des sports individuels, le patin est fait pour toi! C'est un exercice qui stimule plusieurs muscles, dont les fessiers, qui ne sont pas aussi sollicités par la bicyclette et la course. Des heures de plaisir à explorer ton quartier sous le soleil!

 # VOUS AVEZ DU COURRIER !

Chère Catherine,

J'ai un chum que j'aime énormément qui est dans ma classe, mais j'ai des sentiments pour un autre garçon.... que faire? J'ai déjà dit à l'autre garçon que je l'aimais, mais lui il m'aime juste comme amie.

Bref, j'essaie de l'ignorer le plus que je peux même s'il est dans ma classe!!

Julie

Chère Julie,

Si tu as des sentiments aussi forts pour un autre gars, tu devrais peut-être te questionner sur tes sentiments envers ton chum. L'aimes-tu encore? Si tu en doutes, je crois que tu ferais mieux de ne pas jouer avec ses sentiments et de casser avec lui. Si tu es certaine que tu l'aimes, alors le mieux c'est de te concentrer sur ta relation et d'être fidèle à ton chum. De toute façon, l'autre gars ne te voit qu'en amie et c'est mieux de l'oublier. Tu ne peux pas contrôler ce que les autres ressentent, mais tu peux décider d'être avec quelqu'un qui saura t'aimer en retour et t'apprécier à ta juste valeur!

Bisous,
Catherine

Quel genre de séductrice es-tu ?

1. Tu as un œil sur un gars. Que fais-tu ?

a) Je l'évite parce qu'il me rend trop nerveuse.

b) Je lui écris un petit message romantique avec mon numéro de téléphone.

c) Je lui demande s'il a envie de faire quelque chose avec moi.

2. Tu es au cinéma, et tu t'aperçois qu'un gars super mignon n'arrête pas de te regarder. Que fais-tu ?

a) Je lui souris en espérant qu'il vienne me voir après le film.

b) Je lui fais un signe de téléphone et je lui file mon numéro après le film.

c) Je détourne le regard et je deviens toute rouge.

3. Tu es dans une fête, et tes amies te convainquent d'aller parler au gars de tes rêves. Comment t'y prends-tu ?

a) Je lui pose des questions sur sa vie et ses champs d'intérêt.

b) Je parle de la météo.

c) Je lui fais un sourire aguicheur et je plonge mon regard dans le sien.

4. Tu danses avec un gars et tu meurs d'envie de l'embrasser. Que fais-tu?

a) Je regarde ailleurs en espérant qu'il devine mes sentiments.

b) Je l'embrasse. Qui ne risque rien n'a rien.

c) Je lui souris et je le regarde en attendant qu'il fasse le premier pas.

5. Tu veux éblouir un gars. Comment t'y prends-tu ?

a) Je m'habille super sexy et je marche devant lui d'un pas déterminé.

b) Je lui fais lire une dissertation que j'ai écrite et dont je suis très fière.

c) Je m'arrange pour être super drôle et rire aux éclats quand il est proche de moi.

6. Quelle est la couleur qui te définit le plus ?

a) Le blanc

b) Le rouge

c) Le gris

7. Quel est l'animal qui te définit le plus ?

a) Le lion

b) Le chat

c) Le lièvre

8. Comment te décrirais-tu ?

a) Drôle

b) Mystérieuse

c) Fonceuse

Pointage

1. a) 1	b) 2	c) 3		5. a) 3	b) 1	c) 2
2. a) 2	b) 3	c) 1		6. a) 1	b) 3	c) 2
3. a) 2	b) 1	c) 3		7. a) 3	b) 2	c) 1
4. a) 1	b) 3	c) 2		8. a) 2	b) 1	c) 2

Résultats

MOINS DE 10 POINTS

Tu es assez timide et tu aimes que les gars fassent les premiers pas. Tu as tendance à avoir peur qu'on te blesse et tu es parfois méfiante lorsqu'un gars s'intéresse à toi, mais ton côté mystérieux fait souvent des ravages. Apprends à te faire confiance et à donner le bénéfice du doute aux gens qui s'intéressent à toi !

DE 10 À 18 POINTS

Tu es une fille drôle et sociable et c'est souvent ces deux aspects qui font craquer les gars. Tu n'as pas peur de poser des questions, de t'informer, mais tu hésites souvent à faire le premier pas, car tu préfères que le gars prenne les devants. Utilise ton aplomb et ton sens de l'humour pour foncer et ne doute surtout pas de tes charmes !

PLUS DE 18 POINTS

Tu es une fonceuse et tu n'as pas peur de faire les premiers pas avec les garçons. Pourquoi attendre qu'ils se décident si tu sais ce que tu veux ? Tu aimes charmer et tu n'as pas peur de te servir de tes atouts pour séduire le gars de tes rêves. C'est génial que tu aies autant confiance en toi, mais n'aie pas peur de t'ouvrir davantage et de montrer ta sensibilité.

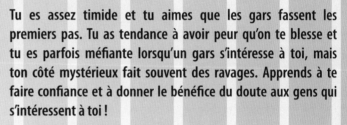

Quelle coupe de cheveux t'irait le mieux?

1. Quelle est la forme de ton visage?

a. Allongée ou ovale

b. Arrondie

c. Carrée, avec la mâchoire très définie

2. Combien de temps consacres-tu à ta coiffure chaque matin?

a. Pas plus de 10 minutes

b. Au moins 15 minutes

c. Au moins 30 minutes

3. Quelle est la partie la plus proéminente de ton visage?

a. Mon front

b. Mes pommettes

c. Mon menton

4. Quel produit pour les cheveux préfères-tu?

a. Le gel

b. Je n'en utilise pas vraiment.

c. La mousse

5. Comment portes-tu habituellement tes cheveux?

a. Les côtés relevés avec des barrettes

b. Détachés, tout simplement

c. Attachés en queue de cheval

6. Est-ce important pour toi de pouvoir attacher tes cheveux? Pour faire du sport, par exemple?

a. Non, ce n'est pas très important.

b. Oui

c. Non, je n'aime pas avoir le visage tout à fait découvert.

7. À quelle fréquence utilises-tu le fer plat?

a. Quelques fois par semaine, tout au plus

b. Presque tous les jours

c. Jamais! J'aime mes cheveux au naturel.

8. As-tu les cheveux dégradés?

a. Non, mais j'ai une frange.

b. Non

c. Oui, j'ai une coiffure très dégradée.

Résultats

SI TU AS UNE MAJORITÉ DE...

A = VAS-Y POUR LES CHEVEUX COURTS!

Une telle coupe de cheveux s'harmoniserait avec ton visage ovale tout en le faisant paraître un peu plus rond! De plus, une coupe courte ne nécessite pas beaucoup de soins, ni d'entretien. C'est une coupe vite faite, bien faite que tu pourras porter longtemps! Avec une petite frange dégradée, tu aurais vraiment un look d'enfer!

B = LES CHEVEUX LONGS!

Pour allonger ton visage rond, les cheveux longs et plats sont parfaits pour toi! Afin de conserver leur longueur, n'oublie pas de te munir de bons traitements sans rinçage, surtout si tu aplatis souvent tes cheveux. Ceux-ci sont disponibles dans toutes les pharmacies.

C = LES CHEVEUX FRISÉS ET LONGS!

Si ta chevelure a beaucoup de volume et si elle est plus longue que ta nuque, elle fera paraître ton visage plus ovale et ta mâchoire sera mise en valeur! Si tu n'as pas peur des fers, tu pourrais changer de coupe selon ton humeur en utilisant le fer à friser, ou encore le fer plat!

Quel est ton type de gars ?

1. Quelle est la qualité qui te semble la plus importante chez un gars ?

a) Le sens de l'humour.

b) La beauté physique.

c) L'intelligence.

2. Quel genre d'activité aimes-tu faire avec un gars qui t'intéresse ?

a) Aller au cinéma.

b) Discuter dans un café.

c) L'embrasser.

3. Quel genre de film aimes-tu voir au cinéma ?

a) Un film d'action.

b) Une comédie.

c) Un drame.

4. Qu'est-ce qui te fait craquer chez un gars ?

a) Ses yeux.

b) Ses paroles.

c) Ses blagues.

5. Quel est le style vestimentaire que tu préfères chez un gars ?

a) Le style décontracté.

b) Je m'en fiche.

c) Le style super à la mode.

6. Qu'est-ce que tu admires le plus chez un gars ?

a) Le fait qu'il soit passionné et ambitieux.

b) Le fait qu'il soit drôle et pas compliqué.

c) Le fait qu'il soit super beau et qu'il fasse craquer toutes les filles.

7. L'apparence physique est importante pour toi.

a) Mets-en !

b) Non. C'est la personnalité qui compte.

c) Je dois le trouver mignon, mais sa personnalité compte plus.

8. Comment tes amies te décriraient-elles ?

a) Comme la meneuse de claques du groupe, qui raffole des sports !

b) Comme l'intellectuelle du groupe qui aime discuter.

c) Comme la fille super sociable qui aime s'amuser.

1. a) 2	b) 1	c) 3		5. a) 2	b) 3	c) 1
2. a) 2	b) 3	c) 1		6. a) 3	b) 2	c) 1
3. a) 1	b) 2	c) 3		7. a) 1	b) 3	c) 2
4. a) 1	b) 3	c) 2		8. a) 1	b) 3	c) 2

Résultats

MOINS DE 10 POINTS

Tu aimes les gars sportifs qui font craquer toutes les filles. Tu n'as pas peur d'admettre que l'apparence physique est importante pour toi, et que, pour qu'un gars t'attire, il doit être beau et bien arrangé. Même si le physique est une caractéristique importante, tente de trouver d'autres qualités qui te font craquer pour entretenir une relation un peu plus profonde avec ton chum.

DE 10 À 18 POINTS

Pour toi, le sens de l'humour et la joie de vivre sont des caractéristiques super importantes chez un gars. Tu as envie d'être avec quelqu'un qui ne se complique pas la vie avec des détails et qui est toujours prêt à prendre les choses à la légère et à s'amuser avec toi. Si un gars se prend trop au sérieux, il risque de ne pas faire long feu…

PLUS DE 18 POINTS

Tu as un faible pour les gars plus intellos qui aiment discuter de leurs passions et qui sont super ambitieux. Pour aimer un gars, tu dois d'abord admirer ce qu'il fait et sa façon de penser. Tu aimes discuter avec lui et partager ton point de vue. En gros, tu cherches un gars profond et passionné qui saura t'éblouir et t'impressionner.

 # VOUS AVEZ DU COURRIER !

Allo Catherine,

J'ai 13 ans et je n'ai pas de formes. Quand je me compare aux filles autour de moi, je me sens comme une petite fille. Est-ce que c'est normal ?

Est-ce que ça se peut que je reste comme ça toute ma vie ?

Ce que tu dois savoir avant tout, c'est que toutes les filles évoluent à un rythme différent et traversent la puberté à des moments différents, alors ne t'inquiète pas si tu sens que la tienne arrive plus tardivement que les autres ! Tu es tout à fait normale. Il faut simplement que tu prennes ton mal en patience ! Aussi, même si tes règles arrivent plus tard et que tu développes des formes après les autres, ça ne veut pas dire qu'au bout du compte, tu seras moins femme pour autant.

Le mieux à faire est d'éviter de te comparer aux autres, d'essayer de t'accepter telle que tu es et de profiter de ta taille actuelle pendant que tu le peux encore ! Dis-toi que toutes les filles ont de petits complexes, et que tu n'es pas la seule à te sentir un peu mal dans ta peau. Je t'assure que ta puberté finira par arriver et que tu te développeras comme toutes les filles qui t'entourent, alors sois sans crainte !

Catherine

Quel genre de relation entretiens-tu avec ta mère?

1. Fais-tu souvent des activités avec ta mère ?

a) Presque jamais.

b) De temps à autre.

c) Super souvent.

2. Quel genre d'activités aimes-tu faire avec elle ?

a) Aller au cinéma.

b) Discuter dans un café ou au restaurant.

c) Faire le ménage.

3. Sens-tu que ta mère te prend pour une enfant ?

c) Non.

d) De temps à autre.

c) Presque tout le temps.

4. Qu'est-ce qui t'énerve le plus chez ta mère ?

a) Quand elle corrige mon français.

b) Quand elle me juge sans me laisser le temps de m'expliquer.

c) Quand elle m'interdit de sortir.

5. Trouves-tu que tu ressembles à ta mère ?

a) Non, on dirait que nous venons de deux planètes différentes.

b) Sur certains points.

c) Oui, nous sommes pareilles.

6. Est-ce que ta mère te fait honte en public ?

a) Jamais, car je l'accepte telle qu'elle est.

b) Tout le temps ! On dirait qu'elle le fait exprès.

c) Seulement quand elle essaie d'avoir l'air cool.

7. Te confies-tu à ta mère ?

a) Quand c'est vraiment nécessaire.

b) Oui, tout le temps.

c) Jamais, car j'ai l'impression qu'elle ne me comprend pas.

8. Qu'est-ce que tu trouves le plus difficile avec ta mère ?

a) Lui parler de trucs sérieux.

b) Choisir quelle émission on regardera !

c) Avoir son attention.

Pointage

1. a) 1	b) 2	c) 3		5. a) 1	b) 2	c) 3
2. a) 2	b) 3	c) 1		6. a) 3	b) 1	c) 2
3. a) 3	b) 2	c) 1		7. a) 2	b) 3	c) 1
4. a) 3	b) 1	c) 2		8. a) 2	b) 3	c) 1

Résultats

MOINS DE 10 POINTS - CHIEN ET CHAT.

Ta relation avec ta mère n'est pas toujours facile et tu as souvent l'impression que vous n'êtes pas sur la même longueur d'onde. Essaie de lui donner le bénéfice du doute et de lui accorder un peu plus ta confiance. L'adolescence n'est pas une période évidente à vivre pour ta mère et je suis sûre qu'elle aimerait comprendre ce que tu vis.

DE 10 À 18 POINTS - COMPLICES À VOS HEURES.

Ta mère et toi avez une assez bonne relation, et même si tu ne lui racontes pas toujours tout, tu es ouverte à lui poser des questions et à lui parler de certains trucs. Continue à communiquer et à faire des activités avec elle pour développer plus de complicité !

PLUS DE 18 POINTS - AMIES.

Tu considères ta mère comme une amie et vous entretenez une relation honnête basée sur la confiance. Tu n'as pas peur de te confier à elle, car tu sais qu'elle ne te jugera pas et qu'elle veut ton bien. Bref, vous n'avez rien à envier aux personnages de « Gilmore Girls » !

À quel pays associes-tu les choses suivantes?

1. Le kimono

Japan

2. Les fajitas

Mexico

3. Le sirop d'érable

Canada

4. Les toréadors

Espagne

5. La choucroute

Germany

6. Les cigares

Cuba

7. Les gondoles

Italy

8. Les tulipes

Holland

9. Les vins et fromages fins

France

10. Les kangourous

Australia

11. Les loukoums

Turkey

12. Les geysers

Islande

13. Uncle Sam

USA

14. Les pandas

China

15. Le château du comte dracula

Transylvania

Réponses

1) Japon,

2) Mexique

3) Canada

4) Espagne

5) Allemagne

6) Cuba

7) Italie

8) Hollande

9) France

10) Australie

11) Turquie

12) Islande

13) États-Unis

14) Chine

15) Transylvanie

Quelle ville est faite pour toi ?

1. Comment tes amies te décriraient-elles ?

a) Comme une bohémienne.

b) Comme une fille branchée.

c) Comme une grande sportive.

2. Quelle est la caractéristique qui te décrit le mieux ?

a) Romantique.

b) Sensible.

c) Fonceuse.

3. Qu'est-ce qui te ferait le plus envie ?

a) Une voiture.

b) Une bicyclette.

c) Un scooter.

4. Quelle activité préfères-tu ?

a) Visiter un musée.

b) Faire du sport.

c) Te balader dans les rues.

5. Comment aimes-tu mener ta vie ?

a) J'aime quand ça bouge.

b) J'aime quand c'est relaxe.

c) Je suis super active à mes heures, mais j'aime aussi relaxer.

6. Où aimes-tu passer tes vacances ?

a) À la ville.

b) À la plage.

c) À la campagne.

7. Qu'est-ce qui te rend vraiment heureuse ?

a) Voir un bon concert.

b) Magasiner toute la journée.

c) Manger dans un bon restaurant.

8. Où aimerais-tu voyager ?

a) En Amérique du Sud.

b) En Europe.

c) En Californie.

Paris mon amour

1. a) 2	b) 3	c) 1		5. a) 1	b) 2	c) 3
2. a) 3	b) 2	c) 1		6. a) 3	b) 1	c) 2
3. a) 1	b) 2	c) 3		7. a) 2	b) 1	c) 3
4. a) 3	b) 1	c) 2		8. a) 2	b) 3	c) 1

Résultats

MOINS DE 10 POINTS - LOS ANGELES !

Tu adores quand ça bouge et tu raffoles de la plage et du magasinage. Tu ne comprends pas pourquoi tu n'es pas née dans un endroit où il fait chaud en permanence et tu adorerais pouvoir faire du surf toutes les fins de semaine. Tu n'as pas peur de foncer pour obtenir ce que tu veux et un de tes plus grands rêves est de visiter la Californie ou même de percer à Hollywood !

DE 10 À 18 POINTS - BARCELONE !

Tu es une fille sensible qui n'aime pas les complications et qui aime suivre la vague sans trop te poser de questions. Tu aimes te balader, passer du temps avec tes amis et vivre sans routine ou horaire préétabli. Tu adores voyager et tu aimerais visiter l'Amérique du Sud ou tout autre endroit où les gens ne s'en font pas trop avec la vie. Avec son côté bohémien, son architecture impressionnante et son rythme de vie hors du commun, Barcelone est la ville idéale pour toi !

PLUS DE 18 POINTS - PARIS !

Tu es une grande romantique qui raffole de l'art, des musées et des trucs grandioses. Tu aimes les restos, la bonne bouffe, la mode et les Européens ! Tu aimes la ville et tu rêves de te balader sur le bord de la Seine main dans la main avec ton amoureux. Paris est la ville de tes rêves !

À quel pays associes-tu les lieux suivants?

1. La Maison-Blanche

2. Les pyramides

3. La basilique St-Pierre

4. Le Colisée

5. Buckingham Palace

6. La tour du CN

7. L'Empire State Building

8. Machu Picchu

9. La tour de Pise

10. Monte-Carlo

11. La grande bibliothèque d'Alexandrie

12. Hollywood

13. Le Gange

14. Hiroshima

15. La pyramide de Chichén Itzá

Réponses

1) États-Unis
2) Égypte
3) Vatican
4) Italie
5) Grande-Bretagne

6) Canada
7) États-Unis,
8) Pérou
9) Italie
10) France

11) Égypte
12) États-Unis
13) Inde
14) Japon
15) Mexique

VOUS AVEZ DU COURRIER !

Chère Catherine,

C`est un peu gênant, mais mon amie se masturbe et se pose toujours la question si elle est tout de même vierge... Pourrais-tu l`aider s.t.p?

Merci d`avance,

Jeanne

Chère Jeanne

Tu pourras rassurer ton amie; le fait de se masturber n'a rien à voir avec la virginité. La virginité se perd lors de la première relation sexuelle avec un partenaire. La masturbation relève davantage du domaine de la curiosité sexuelle. On ne peut perdre sa virginité soi-même, mais c'est tout à fait normal de découvrir son corps et d'être stimulée sexuellement, même avant le premier rapport sexuel.

N'hésite pas si tu as d'autres questions!

Bisous

Catherine

À quel domaine associes-tu les personnalités suivantes?

1. David Beckham — sports
2. George W. Bush — politics
3. Justin Bieber — music
4. Roger Federer — sports
5. John Wayne — movies
6. René Lévesque — politics
7. Frank Sinatra — music
8. Joannie Rochette — sports
9. John F. Kennedy — politics
10. Babe Ruth — sports
11. Humphrey Bogart — movies
12. Miles Davis — music
13. Charlie Chaplin — movies
14. Marilyn Monroe — movies
15. Robert Bourassa — politics

Réponses

1) Sports

2) Politique

3) Musique

4) Sports

5) Cinéma

6) Politique

7) Musique

8) Sports

9) Politique

10) Sports

11) Cinéma

12) Musique

13) Cinéma

14) Cinéma

15) Politique

Rationnelle ou sentimentale ?

1- Tu crois au coup de foudre.

⬤ D'accord   ⬤ Pas d'accord

2- Tu réfléchis toujours avant de prendre une décision.

⬤ D'accord   ⬤ Pas d'accord

3- Tu dépenses sans réfléchir.

⬤ D'accord   ⬤ Pas d'accord

4- Tu fais souvent des listes des pour et des contre.

⬤ D'accord   ⬤ Pas d'accord

5- Tu parviens presque toujours à maîtriser tes émotions.

⬤ D'accord   ⬤ Pas d'accord

6- Tu adores résoudre des problèmes.

⬤ D'accord   ⬤ Pas d'accord

7- Tu n'es pas du genre à te lancer tête première dans une relation.

⬤ D'accord   ⬤ Pas d'accord

8- Tu agis souvent sur des coups de tête.

⬤ D'accord   ⬤ Pas d'accord

9- Tu ne t'en fais pas avec les conséquences de tes actes.

⬤ D'accord   ⬤ Pas d'accord

10- Tu suis souvent ton cœur.

⬤ D'accord   ⬤ Pas d'accord

Pointage

1. D'accord: 5   Pas d'accord: 0
2. D'accord: 0   Pas d'accord: 5
3. D'accord: 5   Pas d'accord: 0
4. D'accord: 0   Pas d'accord: 5
5. D'accord: 0   Pas d'accord: 5

6. D'accord: 0   Pas d'accord: 5
7. D'accord: 0   Pas d'accord: 5
8. D'accord: 5   Pas d'accord: 0
9. D'accord: 5   Pas d'accord: 0
10. D'accord: 5   Pas d'accord: 0

Résultats

MOINS DE 20 POINTS

Tu es une fille rationnelle. Tu es du genre à réfléchir avant de prendre une décision et de peser les pour et les contre pour déterminer ton choix. Tu aimes résoudre des problèmes et tu aimes bien les sciences. En amour, tu n'es pas trop du genre à tomber amoureuse du jour au lendemain; tu préfères prendre ton temps et bâtir quelque chose de solide. Tu parviens souvent à relativiser tes émotions et à gérer tes sentiments pour ne pas te laisser dominer par ta vulnérabilité. N'aie pas peur d'écouter ton cœur de temps à autre !

DE 20 À 35 POINTS

Tu es rationnelle à tes heures, mais cela ne t'empêche pas de suivre ton cœur ou de flancher et de dépenser 100 $ pour une paire de souliers de temps à autre. Tu n'aimes pas sentir que tu as perdu complètement le contrôle de tes émotions, mais cela t'arrive parfois d'être aveuglée par l'amour ! Tu es très près du juste milieu !

PLUS DE 35 POINTS

Tu es super sentimentale. Tu es du genre à suivre tes instincts sans trop réfléchir et tu crois fermement au coup de foudre. Quand tu vas magasiner, tu as parfois besoin qu'une amie t'accompagne pour t'empêcher de tout acheter et de faire disparaître tes économies. Tu es plutôt impulsive et tu suis toujours ton cœur quand vient le temps de prendre une décision. Efforce-toi de peser les pour et les contre de temps à autre; ça pourrait t'éviter de mauvaises surprises !

À quelle chanteuse ressembles-tu le plus?

1. Tu te perçois comme une fille…

a. Qui n'a pas froid aux yeux

b. Sympathique et facile d'approche

c. Romantique à souhait

2. Ton chum te laisse et tu décides d'écrire une chanson sur votre rupture. Le ton de la chanson sera plutôt…

a. Optimiste pour moi. Je vais m'en remettre et en ressortir encore plus forte!

b. Nostalgique

c. Accusatrice, car c'est de sa faute s'il m'a perdue!

3. Quel est ton plus grand défaut?

a. Je suis un peu trop prompte.

b. Je ne suis pas assez sérieuse.

c. Je suis trop sensible.

4. Comment fais-tu pour attirer l'attention d'un gars?

a. Il va me remarquer même si je n'y fais pas attention : je suis très dynamique et amusante!

b. Je l'approche amicalement, pour apprendre à mieux le connaître.

c. Je lui lance mon plus beau sourire!

5. Quel est ton style vestimentaire?

a. Éclaté

b. Confortable

c. Chic et féminin

6. Quel animal de compagnie préfères-tu?

a. Les animaux originaux, comme les serpents et les furets

b. Les chiens

c. Les chats

7. Quel est ton lieu préféré?

a. N'importe où, tant que mes amis y sont aussi!

b. J'aime le confort de ma maison.

c. J'adore me balader à l'extérieur, au parc, dans la ville…

8. Tu sors avec tes amis. Que faites-vous?

a. Une fête

b. Une soirée cinéma chez un de mes amis

c. Une sortie en ville

Résultats

A = TU ES PINK!

Tu as son charisme, sa personnalité éclatée et son goût pour les foules, les fêtes et les choses qui sortent de l'ordinaire! Tu adores être entourée de gens intéressants et tu choisis tes copains selon les mêmes critères. Peu importe ce que tu fais, tu retombes toujours sur tes pieds!

B = TU ES KELLY CLARKSON!

Tu es sympathique, accessible et tu adores t'amuser! Sensible et attentionnée, tu es une bonne amie et une personne en qui l'on peut avoir confiance. Tout comme la chanteuse, tu véhicules une image de confiance et de bien-être!

C = TU ES ADELE!

Comme la chanteuse, tu es une grande romantique au style classique et très féminin. Tu es très sensible à ce qui se passe autour de toi et tu as parfois tendance à trop réagir. Mais rassure-toi : ça fait partie de ton charme!

Connais-tu les vedettes du cinéma?

channing tatum

tom cruise

5

1

2

brad pitt

will smith

3

4

robert patterson

Résultats

1. Channing Tatum
2. Tom Cruise
3. Will Smith

4. Robert Pattinson
5. Brad Pitt

 # VOUS AVEZ DU COURRIER !

Chère Catherine,

On me dit souvent que pour me faire des amis ou rencontrer des gars, il faut que je reste moi-même.

Le problème, c'est que je ne sais pas vraiment ce que ça veut dire, et je n'arrive pas à déterminer qui je suis vraiment.

Peux-tu m'aider ?

J'avais exactement le même doute lorsque j'étais adolescente. Comme c'est une période durant laquelle on se transforme beaucoup et où on apprend justement à se former une personnalité, ce n'est pas évident d'être « soi-même », car on ne sait pas trop ce que ça veut dire !

Sache que l'important, c'est d'agir en pensant à toi et à ce que tu ressens. N'agis pas pour faire plaisir aux autres ou parce que tu as peur de déplaire. C'est vraiment toi qui connais tes envies, tes intérêts et tes limites. Si parfois tu doutes de toi-même et que tu ne sais plus trop quelle est la bonne réponse, essaie de suivre ton instinct et d'écouter la petite voix à l'intérieur de toi. Généralement, c'est elle qui a raison et qui te dicte ce qui est le mieux pour toi. Apprends à être fidèle à ce que tu aimes, à ce qui te fait rire et aux gens avec qui tu te sens en confiance.

Au fil des années, les choses s'éclairciront et tu apprendras de mieux en mieux à te connaître !

Catherine

Connais-tu les personnalités politiques?

Résultats

1. François Hollande
2. Barack Obama
3. Al Gore

4. Vladimir Putin
5. Stephen Harper

Matinale
ou oiseau de nuit?

1. As-tu besoin de boire du café le matin?

a. Non, je suis toujours très bien réveillée!

b. Oui, ça m'en prend de temps en temps.

2. Te trouves-tu productive lors de tes cours le matin? Ou as-tu de la difficulté à te concentrer?

a. Je suis très efficace le matin. Après le dîner, par contre, je suis plus fatiguée.

b. Je prends beaucoup de temps à me réveiller, alors je ne suis pas très concentrée.

3. T'arrive-t'il de te lever du mauvais pied?

a. Non, presque jamais

b. Assez souvent, oui

4. Quelqu'un te réveille par accident… Que fais-tu?

a. Je prends quelques minutes pour me réveiller et, ensuite, tout va bien!

b. Je le trucide sur le coup.

5. Préfères-tu… ?

a. La tisane

b. Le café

6. Préfères-tu… ?

a. Le soleil

b. Les étoiles

7. Prends-tu beaucoup de temps pour te préparer le matin?

a. Oui, je prends le temps de bien me réveiller et de faire le plein d'énergie.

b. Non, je peux être prête à sortir de chez moi en 15 minutes.

8. Prends-tu le temps de déjeuner, le matin?

a. Oui, tous les matins sans exception

b. Non, je déjeune une fois à l'école, vers 10h.

Résultats

A = TU ES UNE FILLE MATINALE!

Te lever aux aurores ne t'effraie pas du tout ; au contraire, tu t'en réjouis! Toujours énergique le matin, tu en profites souvent pour faire ce qui nécessitera le plus d'énergie dans la journée. Le soir venu, par contre, tu tombes souvent de fatigue… Surtout, ne commence pas à boire du café le soir pour te tenir éveillée! C'est important de respecter ton cycle de sommeil, quel qu'il soit!

B = TU ES UN OISEAU DE NUIT!

Tu es plus productive et efficace la nuit, et tu as beaucoup de difficulté à te lever le matin. Même si le réveil est difficile, penses-y à deux fois avant de commencer à boire une tasse de café chaque matin ou des boissons énergisantes. Ce genre de boisson, avec la caféine, est dommageable pour ton organisme et te procurera une fausse impression d'être éveillée, laquelle s'atténuera rapidement et te rendra encore plus fatiguée! Pour te réveiller, opte plutôt pour du thé ou de la tisane à la menthe!

Vrai ou faux? Les connaissances alimentaires

1. Tu dois consommer environ 6 portions de viandes et substituts par jour.

2. Une jeune adolescente doit consommer 1200 calories par jour.

3. Il est conseillé de manger beaucoup de légumes verts tous les jours.

4. Les noix font partie du groupe alimentaire des viandes et substituts.

5. Si tu manges bien un jour, tu peux manger des frites le lendemain sans que ton corps n'en souffre.

6. Le jeûne ralentit le métabolisme.

7. Il est recommandé de faire peu de sport.

8. Un journal de ton alimentation t'aide à mieux comprendre tes habitudes alimentaires.

9. Le calcium favorise la croissance et le développement de tes muscles.

10. Les aliments riches et oméga-3 contribuent, entre autres, au bon fonctionnement de ton cerveau, de ton cœur et à la prévention des maladies.

11. Les glucides sont une excellente source d'énergie.

12. Il ne faut jamais manger de frites.

13. Tout est une question d'équilibre et de modération.

14. Le tiers de ton corps est constitué d'eau.

15. Tu dois consommer environ 8 verres d'eau par jour.

16. Il ne faut pas limiter sa consommation de boissons gazeuses.

17. Il faut privilégier les pains de blé entier plutôt que les pains blancs.

18. Manger avant de se mettre au lit fait engraisser.

19. Il est conseillé de déjeuner en roi, de dîner en prince et de souper en moine.

20. Toutes les huiles sont mauvaises pour la santé.

21. Les pâtes et le riz font automatiquement engraisser.

22. Le sport permet aussi de relaxer.

23. Le sodium est un sel minéral.

24. Il existe trois types de vitamine B.

25. Le soleil est une bonne source de vitamine D.

Réponses

1.F	6.V	11.V	16.F	21.F
2.V	7.F	12.F	17.V	22.V
3.V	8.V	13.V	18.F	23.V
4.V	9.V	14.F	19.V	24. F
5.F	10.V	15.V	20.F	25.V

Es-tu garçonne?

1. La majorité de tes amis sont…

a. Des garçons

b. Des filles et des garçons, en proportions égales

c. Des filles

2. Tes amis t'organisent une surprise pour ta fête. Que pourraient-ils t'offrir de plus beau?

a. Une journée d'ultimate frisbee entre amis

b. Une journée de promenade à vélo

c. Une journée de magasinage et cinéma

3. Portes-tu du maquillage?

a. Non, presque jamais

b. Lors des occasions spéciales seulement

c. Oui, j'en porte souvent

4. Tu es en chicane avec l'une de tes amies. Que fais-tu pour vous sortir de cette situation?

a. Je la confronte le plus rapidement possible pour régler les choses directement avec elle.

b. Je laisse la poussière retomber avant d'entreprendre une démarche.

c. Je consulte tous mes autres amis afin d'avoir leur opinion sur la question.

5. C'est l'anniversaire de ta rencontre avec ton copain. Qu'aimerais-tu qu'il t'offre?

a. D'aller faire de la randonnée seule avec lui.

b. Du temps de qualité avec lui, peu importe l'activité.

c. Des bijoux, des vêtements…

6. Aimes-tu les jupes et les robes?

a. Non, elles ne sont pas assez confortables.

b. J'aime en porter de temps en temps.

c. J'en porte le plus souvent possible.

7. As-tu un bon sens de l'orientation?

a. Oui, je peux facilement m'orienter sans carte routière.

b. Je m'y retrouve bien, mais seulement avec une carte routière.

c. Pas du tout!

8. Quel est ton style de musique?

a. Le rock

b. J'aime tous les styles, je ne suis pas difficile.

c. Tout ce qui joue à la radio.

Résultats

A = TU ES GARÇONNE!

Tu raffoles des activités physiques, du mouvement et de l'action, et tu n'aimes pas particulièrement les trucs qu'on pourrait qualifier des plus féminins, comme le maquillage et les robes. Tu es une garçonne dans l'âme, une boule d'énergie toujours prête à se lancer dans toutes sortes de projets qui bougent!

B = MI-GARÇONNE, MI-FILLE!

Tu aimes le sport, les activités physiques, mais aussi les activités plus typiquement féminines, de manière modérée. Très versatile, tu sais t'adapter aux activités qu'aiment tous tes amis et tu te sens aussi à l'aise dans un groupe de garçons que dans un groupe de filles. Cette capacité à t'adapter te sera très précieuse dans la vie!

C = TU ES UNE VRAIE FILLE!

Tu adores le magasinage, les films de filles et les vêtements plus féminins! Même si tu n'as rien contre les activités physiques, tu préfères passer du temps avec tes amies et tu optes plus souvent pour des activités plus « fifilles »!

Nationalité canadienne ou américaine?

1. Jim Carey
- (a)) Nationalité canadienne
- b) Nationalité américaine

2. Britney Spears
- a) Nationalité canadienne
- (b)) Nationalité américaine

3. Avril Lavigne
- a) Nationalité canadienne
- b) Nationalité américaine

4. Tom Cruise
- a) Nationalité canadienne
- (b)) Nationalité américaine

5. Brad Pitt
- a) Nationalité canadienne
- (b)) Nationalité américaine

6. Sheryl Crow
- a) Nationalité canadienne
- b) Nationalité américaine

7. Gwyneth Paltrow
- a) Nationalité canadienne
- b) Nationalité américaine

8. Donald Sutherland
- a) Nationalité canadienne
- b) Nationalité américaine

9. Drew Barrymore
- a) Nationalité canadienne
- b) Nationalité américaine

10. Ashton Kutcher
- a) Nationalité canadienne
- b) Nationalité américaine

11. Ben Affleck
- a) Nationalité canadienne
- b) Nationalité américaine

12. Bryan Adams
- a) Nationalité canadienne
- b) Nationalité américaine

13. Jessica Biel
- a) Nationalité canadienne
- b) Nationalité américaine

14. Alanis Morissette
- a) Nationalité canadienne
- b) Nationalité américaine

15. Cameron Diaz
- a) Nationalité canadienne
- b) Nationalité américaine

16. Feist
- a) Nationalité canadienne
- b) Nationalité américaine

17. Jennifer Aniston
- a) Nationalité canadienne
- b) Nationalité américaine

18. Nelly Furtado
- a) Nationalité canadienne
- b) Nationalité américaine

19. Elisha Ann Cuthbert
- a) Nationalité canadienne
- b) Nationalité américaine

20. Mike Myers
- a) Nationalité canadienne
- b) Nationalité américaine

Réponses

1. A)
2. B)
3. A)
4. B)
5. B)
6. A)
7. B)
8. A)
9. B)
10. B)
11. B)
12. A)
13. B)
14. A)
15. B)
16. A)
17. B)
18. A)
19. A)
20. A)

Quelle déesse es-tu?

1. Le garçon qui t'intéresse joue contre toi au soccer. Que fais-tu pour qu'il te remarque?

a. Je lui fais de beaux yeux et je lui souris souvent.

b. Je lui montre à quel point je suis bonne au soccer!

c. Je m'efforce de battre son équipe pour l'impressionner.

2. Quelle est ta matière forte à l'école?

a. Le français

b. L'éducation physique

c. Les sciences

3. Quel est ton hobby?

a. Voir mes amis

b. Faire des activités sportives

c. Lire

4. Un garçon fait de la peine à ta meilleure amie. Que fais-tu pour la défendre?

a. Je tente de le séduire pour ensuite lui briser le cœur!

b. J'essaie de lui faire peur!

c. Je lance des rumeurs à son sujet pour détruire sa réputation!

5. As-tu beaucoup d'amis?

a. Oui, mes amis sont toute ma vie.

b. J'ai des amis dans plusieurs cliques différentes, mais pas d'amis proches.

c. J'ai peu d'amis, mais ce sont des amis de qualité.

6. As-tu une bonne écoute?

a. Très bonne

b. Non, pas vraiment, je suis trop distraite pour ça.

c. Oui, et je donne de bons conseils, aussi.

7. Es-tu impulsive?

a. Oui, je suis passionnée!

b. Oui, je suis prompte!

c. Non, je suis réfléchie.

8. Pardonnes-tu facilement?

a. Oui

b. Ça dépend quoi

c. Non, j'ai la mémoire longue.

Résultats

SI TU AS UNE MAJORITÉ DE…

A = TU ES APHRODITE, DÉESSE DE L'AMOUR!

Passionnée, tu es amoureuse de la vie et tu vis chaque moment avec une intensité qui t'est propre. Séductrice dans l'âme, tu as de la difficulté à résister aux jolis garçons qui te font de l'œil. Tu es une amie loyale et fidèle, toujours prête à défendre ceux que tu aimes.

B = TU ES ARTÉMIS, DÉESSE DE LA CHASSE!

Très active physiquement, tu adores les activités sportives et tu es très rapide dans tes réactions. Impulsive, tu as tendance à suivre ce que te dicte ton humeur sans trop réfléchir aux conséquences, ce qui fait de toi une personne énergique et très attachante!

C = TU ES ATHÉNA, DÉESSE DE LA SAGESSE!

Tu es très posée et réfléchie, une vraie intellectuelle qui raffole des questionnements philosophiques et moraux. Tu adores donner des conseils à tes amis et tu réfléchis toujours au meilleur moyen et à la façon la plus stratégique d'arriver à tes fins.

Connais-tu tes chanteurs québécois ?

TROUVE L'ARTISTE QUI CHANTE LES PAROLES SUIVANTES.

1. « Même si tu m'épuises, je reste sous l'emprise »

a)   France d'Amour

b)   Marie-Mai

c)   Isabelle Boulay

2. « Je ne sais plus pourquoi t'aimer »

a)   Isabelle Boulay

b)   Céline Dion

c)   Ima

3. « Alors pardonne-moi si je t'aime »

a)   Ima

b)   Marie-Chantal Toupin

c)   Marie-Mai

4. « J'suis sortie avec mes chums de filles »

a)   Marjo

b)   Marie-Chantal Toupin

c)   Ima

5. « Moi, mes souliers »

a)   Félix Leclerc

b)   Mario Pelchat

c)   Michel Rivard

6. « Le blues de la métropole »

a)   Harmonium

b)   Daniel Bélanger

c)   Beau Dommage

7. « J'ai fini de couler en dessous de tes yeux »

a)   David Jalbert

b)   Kaïn

c)   Indochine

8. « Ainsi va la vie qui va, ah »

a)   Vincent Vallières

b)   Jean Leloup

c)   Pierre Lapointe

9. « Ça continue... Garder la tête haute ! »

a)   Mes Aïeux

b)   Les Cowboys Fringants

c)   Daniel Boucher

10. « Et pis toi, mon p'tit gars, tu l'sais pus c'que tu vas faire »

a)   Mes Aïeux

b)   Les Cowboys Fringants

c)   Kodiak

Réponses

1. b) 2. a) 3. a) 4. b) 5. a) 6. c) 7. a) 8. b) 9. b) 10. a)

Résultats

3 BONNES RÉPONSES OU MOINS.

Tu as du mal à reconnaître tes chansons préférées, ou alors tu n'es pas une grande amatrice de musique québécoise. Je t'invite à la découvrir davantage ! Il y a des tas d'artistes merveilleux qui sauront te faire tomber sous le charme de la chanson d'ici !

ENTRE 4 ET 6 BONNES RÉPONSES.

Tu connais certains classiques, ou certaines chansons super à la mode, mais cela ne fait pas de toi une experte dans le domaine ! Navigue sur Internet, écoute la radio ou consulte des magazines, et je t'assure que tu deviendras une vraie mordue de la musique québécoise !

7 BONNES RÉPONSES OU PLUS.

Tu es une vraie mordue! Tu connais bien la musique québécoise et les grands chanteurs d'ici. Tu aimes bien réécouter des classiques de ta jeunesse et tu raffoles des palmarès et des nouveaux artistes qui font fureur ! Utilise tes connaissances pour faire découvrir notre musique à tes amies !

VOUS AVEZ DU COURRIER !

Chère Catherine,

Je suis un peu gênée de t'en parler, mais il m'arrive parfois de me masturber, et je ne sais pas si c'est « mal » ou si c'est normal.

Aide-moi !

La vérité, c'est que la majorité des filles se masturbent, mais très peu l'avouent, alors ne va pas croire que tu es seule ! C'est tout à fait normal d'explorer son corps et sa sexualité, et la masturbation est une façon naturelle et très saine d'apprendre à se connaître et à mieux se comprendre.

Ne va surtout pas croire que tu es anormale ou que c'est mal de le faire, car c'est faux. La masturbation est simplement un sujet tabou que les gens ont souvent peur d'aborder, mais je t'assure que la plupart des filles sont curieuses de découvrir leur corps et développent elles aussi des fantasmes, alors cesse de t'en faire ! Tu es tout à fait normale !

Catherine

Connais-tu tes plats préférés ?

TROUVE DE QUEL PAYS PROVIENT CHACUN DES PLATS SUIVANTS

1. Paëlla

a) Portugal

b) Espagne

c) Mexique

2. Pâté chinois

a) États-Unis

b) Chine

c) Canada

3. Cassoulet

a) Espagne

b) Italie

c) France

4. Goulache

a) Inde

b) Hongrie

c) Canada

5. Salami

a) Italie

b) Mexique

c) Espagne

6. Tapas

a) Portugal

b) Mexique

c) Espagne

7. Falafel

a) Liban

b) France

c) Maroc

8. Saucisses merguez

a) Algérie

b) Allemagne

c) Mexique

9. Enchilada

a) Chili

b) États-Unis

c) Mexique

10. Pad thaï

a) Chine

b) Thaïlande

c) Espagne

Réponses

1. b) 2. c) 3. c) 4. b) 5. a) 6. c) 7. a) 8. a) 9. c) 10. b)

Résultats

3 BONNES RÉPONSES OU MOINS.

Il est temps que tu en apprennes un peu plus sur tes mets préférés ! Tu peux faire une liste des plats que tu préfères et te renseigner sur leur origine, puis aller dans des restaurants qui offrent ces spécialités, ou alors acheter les ingrédients nécessaires pour concocter un repas maison ! Tu verras, tu apprendras des tas de choses en cuisinant !

ENTRE 4 ET 7 BONNES RÉPONSES.

Tu te débrouilles plutôt bien, mais il te reste encore des mets et des ingrédients à découvrir, alors n'hésite pas à t'informer ou à ouvrir un livre de recettes pour explorer toutes les saveurs du monde !

7 BONNES RÉPONSES OU PLUS.

Bravo, tu t'y connais bien en cuisine ! Profite de tes connaissances pour concocter un repas et faire découvrir de nouvelles saveurs à ton entourage !

As-tu la fibre maternelle?

1. Aimes-tu les enfants?

a. Oui, j'adore les enfants!

b. Pas vraiment ou à petite dose seulement

2. Es-tu protectrice envers tes amis?

a. Oui, vraiment beaucoup

b. Ça dépend pour quoi. Je choisis mes batailles.

3. Es-tu patiente?

a. Oui

b. Non, je suis plutôt impulsive.

4. Es-tu souvent dans la lune?

a. Oui, j'adore rêvasser et me perdre dans un univers imaginaire!

b. Non, je suis plutôt terre à terre.

5. Sais-tu déjà si tu aimerais avoir des enfants?

a. Oui, je sais que j'en veux.

b. Je ne sais pas encore.

6. Préfères-tu…

a. Gâter les autres

b. Être gâtée

7. As-tu beaucoup d'empathie pour les autres?

a. Oui, j'ai beaucoup de facilité à me mettre dans leur peau.

b. Les problèmes des autres ne m'affectent pas vraiment.

8. Es-tu généreuse de ton temps?

a. Oui, très! J'adore consacrer mon temps aux autres.

b. Pas particulièrement

Résultats

A = TU AS LA FIBRE MATERNELLE ET TU FERAIS UNE MAMAN EXTRAORDINAIRE!

Tu aimes les enfants, tu n'es pas avare de ton temps et tu peux passer des heures à rêvasser, ce qui signifie que tu adorerais être mère et passer du temps de qualité avec tes enfants. De plus, ta patience légendaire t'empêchera de grimper aux rideaux lorsque tes enfants commettront de petites incartades…

B = TU N'AS PAS VRAIMENT LA FIBRE MATERNELLE!

Tu n'est pas toujours à l'aise avec les poupons, et tu ne te sens pas encore prête à être maman. À ton âge, dis-toi que c'est une très bonne chose! Mais rassure-toi, car la fibre maternelle est quelque chose qui se développe, et beaucoup de mamans s'entendent pour dire qu'elles ont ressenti un lien étroit avec leur bébé dès la première fois qu'elles l'ont pris dans leurs bras!

Connais-tu bien tes régions ?

IDENTIFIE DANS QUELLE RÉGION SE TROUVENT LES VILLES SUIVANTES.

1. Saint-Simon

a) Bas-Saint-Laurent
b) Montérégie
c) Toutes ces réponses

2. L'Isle-Verte

a) Gaspésie—Îles-de-la-Madeleine
b) Lanaudière
c) Bas-Saint-Laurent

3. Saint-Gabriel-de-Brandon

a) Estrie
b) Lanaudière
c) Montérégie

4. Val-Alain

a) Capitale-Nationale
b) Chaudière-Appalaches
c) Outaouais

5. Lorraine

a) Laurentides
b) Mauricie
c) Côte-Nord

6. Fermont

a) Côte-Nord
b) Laurentides
c) Estrie

7. Papineauville

a) Montréal
b) Outaouais
c) Montérégie

8. L'Islet

a) Bas-Saint-Laurent
b) Chaudière-Appalaches
c) Centre-du-Québec

9. Bécancour

a) Capitale-Nationale
b) Centre-du-Québec
c) Mauricie

10. Sainte-Dorothée

a) Laval
b) Montréal
c) Laurentides

11. Percé

a) Gaspésie—Îles-de-la-Madeleine
b) Côte-Nord
c) Bas-Saint-Laurent

12. Kirkland

a) Laval
b) Montréal
c) Montérégie

13. Matagami

a) Nord-du-Québec
b) Côte-Nord
c) Abitibi-Témiscamingue

14. Normétal

a) Nord-du-Québec
b) Côte-Nord
c) Abitibi-Témiscamingue

15. Cowansville

a) Estrie
b) Mauricie
c) Montérégie

16. Yamachiche

a) Centre-du-Québec
b) Mauricie
c) Saguenay-Lac-Saint-Jean

17. Portneuf

a) Chaudière-Appalaches
b) Lanaudière
c) Capitale-Nationale

18. Berthierville

a) Bas-Saint-Laurent
b) Côte-Nord
c) Lanaudière

19. Aylmer

a) Laurentides
b) Outaouais
c) Montréal

20. Napierville

a) Mauricie
b) Montérégie
c) Centre-du-Québec

Pointage

1. c)	5. a)	9. b)	13. a)	17. c)
2. c)	6. a)	10. a)	14. c)	18. c)
3. b)	7. b)	11. a)	15. a)	19. b)
4. b)	8. b)	12. b)	16. b)	20. b)

Résultats

8 BONNES RÉPONSES OU MOINS.

Tu ne connais pas beaucoup tes villes, ni tes régions ! Je te suggère de t'informer, de naviguer sur Internet, de lire un peu sur le Québec, et surtout de visiter la province si tu en as la chance ! Il y a des tas de coins à explorer et de richesses naturelles à découvrir.

ENTRE 9 ET 13 BONNES RÉPONSES.

Tu connais quelques régions du Québec et tu sembles t'intéresser à ta province. Je te suggère de continuer dans cette direction et de parcourir les routes si tu en as la chance ! Pourquoi rêver d'ailleurs quand on ne connaît pas la moitié de notre belle province ?

14 BONNES RÉPONSES OU PLUS.

Je suis impressionnée ! Plusieurs villes demeurent assez méconnues, alors si tu as obtenu 14 bonnes réponses ou plus, tu es une vraie experte du Québec ! Profites-en pour faire découvrir ses richesses à ceux et celles qui connaissent moins la province. Tout le monde en bénéficiera !

À quelle époque aurais-tu aimé vivre?

1. Quelle est la ville que tu préfères parmi les suivantes?

a. New York

b. San Francisco

c. Los Angeles

2. Préfères-tu...

a. L'art

b. La danse

c. La musique

3. Quel est ton look préféré parmi les suivants?

a. Robes et jupes

b. Pantalons cintrés et chandails trop grands

c. Pantalons cargos et vêtements confortables

4. Préfères-tu...

a. Voyager

b. Faire la fête

c. Assister à des concerts

5. Préfères-tu...

a. Les couleurs sobres

b. Les couleurs fluo

c. Les couleurs vibrantes

6. Préfères-tu...

a. Le saxophone

b. Le synthétiseur

c. La guitare électrique

7. Préfères-tu...

a. Les motifs à fleurs

b. Les formes géométriques

c. Les motifs artistiques

8. Te considères-tu comme une fille militante?

a. Non, pas vraiment

b. Oui, l'égalité de tous me tient à cœur!

c. Oui, parce que j'aime ce qui sort des sentiers battus et que je suis prête à défendre mes points de vue.

Résultats

A = TU AURAIS ADORÉ VIVRE DANS LES ANNÉES 1950!

Les années 1950 furent une époque de prospérité pour les États-Unis, de grandes célébrations, de voitures de luxe et de galeries d'art. Bien que cette décennie ait connu son lot de bouleversements sociaux, tu y aurais trouvé ton compte à travers toutes les fêtes artistiques et distinguées. New York étant le lieu de prédilection des artistes de l'époque, elle aurait représentée ta ville idéale!

B = TU AURAIS RAFFOLÉ DES ANNÉES 1970!

Les années du disco auraient comblé l'amatrice de danse et de fêtes en toi. Bien plus qu'une simple décennie de party, les années 1970 furent aussi le théâtre de l'émancipation des femmes à une très grande échelle. Une époque absolument captivante!

C = TU AURAIS ADORÉ AVOIR TON ÂGE EN 1990!

 C'est à cette époque, pas si éloignée, que la musique, l'art et le cinéma alternatifs ont vu le jour, et l'anticonformiste en toi y aurait sûrement trouvé son compte! Sur le plan de la mode, ce fut une époque marquée par les vêtements trop grands et confortables, tant pour les pantalons que les robes! Bref, une époque de révolution culturelle!

Es-tu prête à conduire ?

1. **Quand tu es à pied, regardes-tu des deux côtés de la rue avant de traverser ?**

a) Ça m'arrive, mais je me fais souvent klaxonner.

b) Toujours, car c'est plus sécuritaire et je respecte les règles de la route.

c) Non. Je cours simplement le plus vite que je peux.

2. **Qu'est-ce qu'un angle mort ?**

a) Un angle de 0 °.

b) Une conception erronée de la vie.

c) Une section de la route hors du champ de vision du conducteur.

3. **Que fait-on à l'approche d'une lumière jaune ?**

a) On accélère!

b) On freine brusquement.

c) On ralentit.

4. **Quel est le taux d'alcoolémie toléré pour quelqu'un qui vient d'obtenir son permis probatoire ?**

a) 0 mg d'alcool par 100 ml de sang.

b) 80 mg d'alcool par 100 ml de sang.

c) 40 mg d'alcool par 100 ml de sang.

5. **Quelle est la limite maximale de vitesse sur la plupart des autoroutes du Québec ?**

a) 90 km/h

b) 120 km/h

c) 100 km/h

6. **Peut-on circuler avec un détecteur de radar au Québec ?**

a) Non, c'est interdit.

b) Oui, mais on doit aviser la régie au préalable.

c) Bien sûr !

7. **Doit-on attacher notre ceinture de sécurité ?**

a) Pas si on n'a que quelques mètres à parcourir.

b) Oui, en tout temps.

c) Non, pas tout le temps.

8. **Est-il permis de parler au téléphone cellulaire en conduisant une voiture ?**

a) Non.

b) Oui.

c) Seulement si c'est une urgence.

9. **Peut-on tourner à droite au feu rouge partout au Québec ?**

a) Oui, sauf si le panneau indique le contraire.

b) Oui.

c) Non, pas dans toutes les régions.

10. **Que veut dire « céder le passage » ?**

a) Qu'une ambulance approche.

b) Qu'il faut céder le passage aux véhicules qui circulent sur une route prioritaire.

c) Qu'il faut céder le passage aux piétons.

Pointage

Résultats

4 BONNES RÉPONSES OU MOINS.

Tu n'es pas tout à fait prête à conduire ! Tu dois d'abord bien apprendre les règles de la route et reconnaître les panneaux de circulation si tu ne veux pas mettre ta vie et celle des autres conducteurs en danger. Rien ne presse, et il vaut mieux que tu te sentes bien prête à assumer une telle responsabilité avant de plonger.

ENTRE 5 ET 7 BONNES RÉPONSES.

Tu es sur la bonne voie, mais tu dois continuer d'approfondir tes connaissances avant de prendre le volant. Si tu as obtenu ton permis d'apprenti, je te conseille de bien pratiquer avec un adulte au cours des prochains mois pour te sentir plus en confiance et pour apprendre à te familiariser avec le code de la route. Bonne chance !

8 BONNES RÉPONSES OU PLUS.

Bravo ! Si tu as 16 ans, tu sembles être prête à prendre le volant, et, si tu n'as pas encore l'âge légal pour conduire, je te suggère de continuer à approfondir tes connaissances pour être fin prête le jour où tu pourras t'exercer. C'est super important d'acquérir de l'expérience au volant, alors les connaissances techniques ne suffisent pas à déterminer si tu seras une conductrice responsable et hors pair, mais tu me sembles bien partie !

Quel est ton animal totem?

(L'animal totem est un animal qui correspond à ta période de naissance, selon les croyances amérindiennes. Pour déterminer ton animal totem, trouve ta date de fête dans la liste suivante!)

L'oie des neiges : du 22 décembre au 20 janvier

Ton ami : le cerf

Tu manques un peu de confiance en toi et tu as besoin d'encouragements et de sécurité. Tu es patiente et toujours prête à travailler pour obtenir ce que tu désires. Tu es méticuleuse et attentionnée dans tout ce que tu entreprends.

La loutre : du 21 janvier au 19 février

Ton ami : le saumon

Très amusante, souriante et candide, tu es un vrai petit rayon de soleil! Tu inspires tous les gens autour de toi à retomber en enfance et à s'amuser. Généreuse, tu veux tout connaître des gens qui t'entourent, et c'est cette curiosité innée qui fait ton charme!

Le loup : du 20 février au 20 mars

Ton ami : l'ours

Tu es sensible, réceptive au monde et très créative. Tu es très attachée à tes amis, mais tu ressens aussi le besoin d'être seule et de développer ton indépendance. Très loyale et toujours fidèle, tu es une amie en or!

Le faucon : du 21 mars au 21 avril

Ton ami : Le corbeau

Très rapide et énergique, tu ne manques jamais d'idées ou de ressources pour faire ce dont tu as envie. Tu as beaucoup de facilité à mettre les choses en perspective et à prendre un peu de recul pour aller de l'avant et orienter tes décisions.

Le castor : du 21 avril au 21 mai

Ton ami : le serpent

Tu es une personne qui aime bouger et qui agit au lieu de réfléchir longuement. Tu es une entrepreneuse, et tu es toujours impliquée dans une foule de projets que tu arrives à mener à terme. Tu peux être fière de ta ténacité et de ton acharnement!

Le cerf : du 22 mai au 21 juin

Ton ami : le hibou

Tu incarnes la douceur et la gentillesse. En amour, tu es instable et tu adores fréquenter plusieurs personnes, sans t'imposer de limites, car tu es toujours en quête de nouvelles expériences et découvertes!

Le pivert : du 22 juin au 22 juillet

Ton ami : l'oie des neiges

Très optimiste et créative, tu as beaucoup de facilité à être heureuse. Tu es constamment éblouie par ce qui t'entoure et tu t'émerveilles par tout ce que tu vois. Tu es une personne très passionnée qui vit toujours ses émotions avec intensité!

Le saumon : du 23 juillet au 22 août

Ton ami : la loutre

Tu as beaucoup de confiance en toi et tu es capable de t'adapter à tous les milieux et à toutes les situations. Tu es chez toi partout où tu vas! Tu as une force de caractère exceptionnelle qui impressionne grandement ton entourage.

L'ours : du 23 août au 22 septembre

Ton ami : le loup

Très maternelle, tu es toujours douce avec les membres de ton entourage que tu aimes profondément. Très calme et posée, tu te comprends mieux que quiconque et tu n'as aucun problème à analyser tes réactions. C'est très inspirant pour tes amis, qui rêvent de se comprendre aussi bien que toi!

Le corbeau : du 23 septembre au 22 octobre

Ton ami : le faucon

Tu es une intellectuelle et tu as beaucoup d'idées à propos de ton avenir et de celui du monde, ainsi qu'une conscience sociale très développée pour ton âge. Tu n'hésites pas à confronter tes peurs pour les surpasser.

Le serpent : du 23 octobre au 21 novembre

Ton ami : le castor

Tu n'as pas froid aux yeux et tu es très créative. Tu es rêveuse et tu as une imagination très fertile. Ta sagesse et ton calme intimident parfois les garçons qui t'entourent, mais ceux-ci admirent ta créativité et tes idées avant-gardistes!

Le hibou : du 22 novembre au 21 décembre

Ton ami : le cerf

Très intuitive, tu as de la facilité à prendre des décisions très rapidement, et tu as tendance à avoir raison. Certains affirment même parfois que tu arrives à voir ce qui est invisible aux autres et que tu es en contact avec le paranormal… Ce qui te rend particulièrement fascinante!

Quel serait ton magasin idéal?

1. Qu'est-ce qui t'importe le plus dans tes vêtements?

a. Qu'ils soient confortables.

b. Qu'ils soient griffés.

c. Qu'ils soient beaux et bien agencés.

2. Préfères-tu…

a. Un prix abordable

b. Des couleurs vives

c. De beaux tissus

3. Ce que tu portes le plus souvent pour aller à l'école…

a. Des jeans

b. Un chandail de coton ouaté

c. Des robes et des jupes

4. Comment décrirais-tu ton style?

a. Souple et versatile

b. Original

c. Féminin

5. Le motif que tu préfères?

a. Carreaux

b. Rayures

c. Pois

6. Pour les accessoires, que préfères-tu… ?

a. Les foulards

b. Les boucles de ceintures originales

c. Les colliers et les boucles d'oreilles

7. Quelle coupe de pantalon préfères-tu?

a. J'aime toutes les coupes : skinny, évasée, droite…

b. Coupe skinny seulement

c. Coupe droite

Résultats

SI TU AS UNE MAJORITÉ DE…

A = TU DEVRAIS MAGASINER CHEZ GARAGE!

Avec ses vêtements confortables et très abordables, ce magasin est fait pour toi. Ses multitudes de pantalons, de styles de chandails et de robes te combleront de bonheur! Un magasin parfait pour la « fashionista » économe en toi!

B = TU DEVRAIS MAGASINER CHEZ BILLABONG!

Les collections Billabong sont toujours éclatées, colorées et bien coupées. Ils offrent des vêtements chics, de qualité et toujours plus originaux les uns que les autres! C'est la boutique idéale pour ton style original et explosif!

C = TU DEVRAIS MAGASINER CHEZ DYNAMITE!

Chez Dynamite, les vêtements sont un peu plus chics que chez Garage ou Billabong. Des robes aux jupes tailleurs, tu pourrais y trouver tous les morceaux et accessoires pour exprimer ta personnalité!

VOUS AVEZ DU COURRIER !

Salut Catherine,

Je suis amoureuse par-dessus la tête d'un gars, mais je n'ose pas lui dire ce que je ressens, car j'ai peur qu'il me dise non et qu'il rie de moi.

Que me conseilles-tu ?

Voici la question que je reçois le plus souvent !
Je sais que ça fait peur de foncer et d'avouer ses sentiments au gars qu'on aime, mais dis-toi que si tu n'es pas honnête avec lui, il n'aura aucune façon de savoir ce que tu ressens !

Je sais que tu as peur de te faire rejeter ou humilier, mais la vérité, c'est que même si le gars en question ne partage pas tes sentiments, il sera certainement flatté de savoir que tu es amoureuse de lui. S'il se moque de toi, c'est vraiment qu'il n'en vaut pas la peine. Après tout, oserais-tu rire d'un gars qui t'avoue ses sentiments si ce n'était pas réciproque ? Tu trouverais plutôt une façon délicate de lui expliquer que tu préfères être son amie.

En résumé, je pense que ça vaut parfois la peine de plonger et de prendre des risques pour faire avancer les choses et obtenir ce qu'on désire. Dans le meilleur des cas, le gars partagera tes sentiments et vous pourrez faire évoluer votre relation, et dans le pire des cas, tu en auras au moins le cœur net et tu pourras l'oublier plutôt que de l'aimer et de souffrir en silence !

Catherine

Quelle femme célèbre de l'histoire es-tu?

1. Ton royaume est en guerre! Que fais-tu?

a. Je mène mon armée au combat!

b. Je crée des alliances stratégiques pour éviter tout combat.

c. J'adopte une position plus défensive qu'agressive.

2. Prendrais-tu un mari pour sauver ton royaume?

a. Non, je suis trop jeune pour ça!

b. Oui, si ça peut aider mon royaume, mais je resterais toujours en contrôle!

c. Non, je n'ai pas besoin d'un homme pour prendre des décisions.

3. Es-tu une grande romantique?

a. Je n'y ai jamais réfléchi.

b. Oui, absolument

c. Non, pas du tout

4. Au nom de quoi te sacrifierais-tu?

a. L'amour

b. L'honneur

c. L'art

5. Es-tu…

a. Fonceuse

b. Romantique

c. Extravagante

6. À quelle époque aurais-tu préféré vivre?

a. Au Moyen Âge

b. À l'Antiquité

c. À la Renaissance

7. Ton trait de personnalité le plus admirable?

a. Mon courage

b. Ma force de caractère

c. Mes idées

Résultats

SI TU AS UNE MAJORITÉ DE...

A = TU ES JEANNE D'ARC!

Jeune mystique, c'est elle qui a mené les armées françaises à la victoire contre les troupes anglaises au XVe siècle. Elle était incomprise, mais d'un courage inégalé et d'une détermination à toute épreuve qui lui permit de faire entendre ses idées et de devenir une sainte.

B = TU ES CLÉOPÂTRE!

Reine légendaire de l'Égypte ancienne au temps de l'Empire romain, Cléopâtre était réputée pour sa beauté, son charisme et ses habilités de stratège. Plusieurs croient que c'est sa fougue et son romantisme qui ont causé la perte de son empire en épousant Marc Antoine, un digne général romain.

C = TU ES ELIZABETH 1RE!

Première reine de l'Angleterre à gouverner seule, elle a toujours refusé de prendre un mari pour l'aider dans sa gouvernance. Par le fait même, elle s'est attiré le statut de reine extravagante, réputation qui ne fut qu'exacerbée par son amour de l'art, qu'elle encourageait comme aucun autre monarque auparavant!

À quelle émission de télévision associes-tu les personnages suivants?

1. Serena Van der Woodsen

a. Les sorciers de Waverly Place

b. Gossip Girl : L'Élite de New York

c. Degrassi : la Nouvelle Génération

2. François Drava

a. Vrak la vie

b. Une grenade avec ça?

c. Fan Club

3. Alexandra Margarita Russo

a. Les sorciers de Waverly Place

b. Il était une fois dans le trouble…

c. Championnes à tout prix

4. Payson Keeler

a. Drake et Josh

b. Une famille presque parfaite

c. Championnes à tout prix

5. Tyley Posey

a. Paire de rois

b. Teen Wolf

c. Hannah Montana

6. Danny Pitre

a. Une grenade avec ça?

b. Il était une fois dans le trouble…

c. Vrak la vie

7. Steven Hyde

a. Derek

b. 70

c. Une famille presque parfaite

8. Shailene Woodley

a. Hannah Montana

b. La vie de croisière de Zac et Cody

c. La vie secrète d'une ado ordinaire

9. Daniel Fitzsimmons

a. Drake et Josh

b. Indie à tout prix

c. Une famille presque parfaite

10. Guylain-Guy

a. Fée Éric

b. Une grenade avec ça?

c. Il était une fois dans le trouble…

Pointage

1.B, 2.A, 3.A, 4.C, 5.B, 6.A, 7.B, 8.C, 9.C, 10.A

À quelle célébrité associes-tu les items suivants?

1. Le rouge à lèvres Glam Shine de L'Oréal?

a. Katy Perry

b. Beyoncé

c. Madonna

2. L'ombre à paupières Shadowblast de CoverGirl?

a. Drew Barrymore

b. Carmen Electra

c. Whitney Houston

3. Le parfum J'adore de Dior?

a. Gwen Stefani

b. Kate Moss

c. Charlize Theron

4. La marque Burberry?

a. Kate Moss

b. Scarlett Johanson

c. Emma Stone

5. Les sous-vêtements Calvin Klein?

a. Mark Walhberg

b. David Beckham

c. Les deux

6. Les sacs à main Chanel?

a. Eva Longoria

b. Angelina Jolie

c. Blake Lively

7. Le maquillage Lancôme?

a. Kristen Stewart

b. Jessica Alba

c. Kate Winslet

8. Les produits Avon?

a. Reese Witherspoon

b. Jennifer Love-Hewitt

c. Kim Kardashian

9. Le parfum The One de Dolce Gabbana?

a. Scarlett Johansson

b. Matthew McConaughey

c. Les deux

10. Les parfums Yves St-Laurent?

a. Vanessa Paradis

b. Vincent Cassel

c. Les deux

Pointage

1.B, 2.A, 3.C, 4.A, 5.C, 6.C, 7.C, 8.A, 9.C, 10.C

VOUS AVEZ DU COURRIER !

Allo Catherine,

J'aime un gars, mais j'ai l'impression qu'il ne réalise pas que j'existe ! Que devrais-je faire pour attirer son attention et pour qu'il tombe amoureux de moi ?

Si seulement on pouvait ensorceler un gars en claquant des doigts, ce serait plus facile ! La vérité, c'est que même s'il n'existe pas de potion magique pour attirer l'attention d'un gars, il y a tout de même des façons de lui faire savoir qu'il ne te laisse pas indifférente. Par exemple, tu peux commencer par lui sourire lorsque tu le croises, ou le saluer et lui adresser la parole de temps à autre. Essaie de trouver un intérêt que vous avez en commun, ou alors de t'informer sur une activité ou un sport qu'il pratique. En résumé, il doit se rendre compte que tu existes et que tu t'intéresses à lui.

Tu n'as malheureusement aucun contrôle sur ce qu'il ressent, mais s'il réalise qu'il te plaît et que tu lui tends des perches, il n'aura d'autre choix que de réagir d'une façon ou d'une autre. Si tu vois qu'il reste indifférent et qu'il n'a pas l'air de partager tes sentiments, tu en auras le cœur net et tu pourras passer à autre chose, mais si tu vois qu'il s'intéresse aussi à toi et que tu ne sembles pas le laisser indifférent, alors tu sauras qu'il est temps de foncer et de lui avouer tes sentiments ! Bonne chance !

Catherine

Quel est l'interprète des chansons pop suivantes?

1. Champagne Showers
2. Rolling in the deep
3. Grenade
4. Just dance
5. The ping pong song

6. Jet lag
7. I kissed a girl
8. Let's get the party started
9. My prerogative
10. On the floor

Réponses

1. LMFAO

2. Adele

3. Bruno Mars,

4. Lady Gaga,

5. Enrique Iglesias

6. Simple Plan et Marie-Mai

7. Katy Perry

8. The Black Eyed Peas

9. Britney Spears

10. Jennifer Lopez

Quel est l'interprète des classiques du rock suivants?

1. Sweet child of mine
2. Crazy train
3. Smoke on the water
4. Black hole sun
5. You shook me all night long

6. Enter Sandman
7. Smells like teen spirit
8. Pour some sugar on me
9. Losing my religion
10. Janie's got a gun

Réponses

1. Guns N' Roses
2. Ozzy Osbourne
3. Deep Purple
4. Soundgarden
5. AC/DC

6. Metallica
7. Nirvana
8. Def Leppard
9. REM
10. Aerosmith

De quel groupe est-il le chanteur?

1. **Chris Martin**
2. **Brandon Flowers**
3. **Pierre Bouvier**
4. **Will. I. Am**
5. **Simon Proulx**
6. **Steve Veilleux**
7. **Mark Foster**
8. **Karl Tremblay**
9. **Stefan Kendal Gordy**
10. **Adam Levine**

Pointage

1. Coldplay
2. The Killers
3. Simple Plan
4. The Black Eyed Peas
5. Les Trois Accord

6. Kaïn
7. Foster the People
8. Les Cowboys Fringants
9. LMFAO
10. Maroon 5

Quelle émission de télé...

1. Suit les aventures de l'équipe d'un restaurant de restauration rapide?

2. Est une télé-réalité où des adolescents et adolescentes s'entraînent pour former un groupe de musique?

3. Suit la vie quotidienne des élèves d'une école secondaire de l'Ontario?

4. Suit deux frères et leurs amis vivant sur un bateau de croisière?

5. Relate les aventures d'une jeune fille qui mène une double existence d'étudiante et de superstar?

6. Se situe dans une petite entreprise qui règle les problèmes des gens?

7. Suit une famille d'origine mexicaine ayant des pouvoirs magiques?

8. Suit une éponge qui vit dans la mer?

9. Suit une jeune fille indienne qui veut être comme les autres?

10. Est une émission de sketches humoristiques?

Réponses

1. Une grenade avec ça?

2. Mixmania

3. Degrassi : La Nouvelle Génération

4. La vie de croisière de Zac et Cody

5. Hannah Montana

6. Il était une fois dans le trouble…

7. Les sorciers de Waverly Place

8. Bob l'Éponge

9. Indie à tout prix

10. MDR

 # VOUS AVEZ DU COURRIER !

Chère Catherine,

J'ai l'impression que ma gang d'amies m'utilise comme bouche-trou. Elles m'ignorent souvent pendant la journée, puis elles viennent vers moi quand elles ont besoin d'aide ou qu'elles sont seules.

Elles m'excluent souvent des activités de groupe, et ça me rend triste. Qu'est-ce que je devrais faire ?

Je pense que c'est essentiel que tu développes des amitiés avec des gens en qui tu as confiance et qui t'aiment telle que tu es. Si ces filles te rejettent et t'excluent, c'est certainement qu'elles n'en valent pas la peine. En amitié, c'est important de s'entourer de gens sur qui tu peux compter et qui te font sentir importante à leurs yeux, alors il serait sans doute temps de remettre ces relations en question et de t'entourer de gens qui sauront t'apprécier à ta juste valeur.

Tu mérites d'avoir des amies qui t'apporteront leur soutien et qui te feront sentir bien dans ta peau, alors si tu crois que ces filles profitent de toi, il vaut mieux mettre un terme à ces amitiés et te tourner vers des gens qui t'accepteront, qui t'incluront dans leurs activités et qui réaliseront à quel point ils ont de la chance de t'avoir comme amie !

Catherine

VOUS AVEZ DU COURRIER !

Salut Catherine,

Qu'est-ce que je fais si ma cousine me vole toutes mes amies ???? Avant j'avais plein d'amies, mais ma cousine est nouvelle à l'école et elle m'a volé toutes mes amies!!!!! Je n'arrête pas de lui dire et elle ne veut pas arrêter de se tenir avec elles!!!!!

Aide-moi!

Stéphanie

Chère Stéphanie,

Je te suggère de discuter calmement avec ta cousine pour lui exprimer ce que tu ressens et pour écouter ce qu'elle a à dire. Comme elle est nouvelle à l'école, elle veut peut-être simplement devenir copine avec tes amies pour ne pas être seule, ou peut-être qu'elle te trouve cool et qu'elle veut se rapprocher de toi. Dis-lui que tu sens qu'elle te vole tes amies et que tu n'aimes pas ça, mais sois ouverte à ce qu'elle intègre ton groupe d'amies sans prendre toute la place. Je suis sûre que vous pouvez toutes les deux vous entendre et vous comprendre. Tu peux aussi discuter avec tes amies et leur dire que ça te fait de la peine et que tu ne veux pas les perdre parce que ta cousine a joint ta gang. Je crois que si tu t'exprimes et que tu es ouverte aux besoins de ta cousine, vous réussirez à trouver un terrain d'entente.

Bisous,

Catherine

Les choix de Catherine !

VOICI UNE SÉRIE DE QUESTIONS SUPER AMUSANTES QUI TE POUSSERONT À FAIRE DES CHOIX PARFOIS ÉTONNANTS ! RÉPONDS AUX QUESTIONS DE CHACUNE DES CATÉGORIES POUR EN APPRENDRE DAVANTAGE SUR TOI-MÊME, PUIS POSE LES MÊMES QUESTIONS À TES AMIES POUR VOIR SI VOUS AVEZ LES MÊMES GOÛTS ET POUR APPRENDRE À VOUS CONNAÎTRE DAVANTAGE !

TOUS LES GOÛTS SONT DANS LA NATURE !

QUE PRÉFÈRES-TU:

1) beurre d'arachide ou confiture ?

2) beurre ou margarine ?

3) pain blanc ou pain brun ?

4) salé ou sucré ?

5) creton ou beurre d'érable ?

6) plat carnivore ou végétarien ?

7) café ou thé ?

8) crottes de fromage ou croustilles sel et vinaigre ?

9) fruits ou légumes ?

10) ailes de poulet ou poutine ?

GAGNANT-GAGNANT !

QUE CHOISIRAIS-TU :

1) avoir une moyenne de 90% toute l'année ou 4 mois de vacances l'été ?

2) embrasser le gars de tes rêves une fois ou sortir avec lui sans jamais l'embrasser ?

3) gagner 1 million à la loterie ou recevoir 1000 $ par semaine à vie ?

4) sortir avec un gars super beau, mais pas très drôle ou sortir avec un gars super drôle, mais pas très beau ?

5) avoir congé de devoirs pendant une semaine ou avoir congé de vaisselle pendant un mois ?

6) être dans la peau de ta chanteuse préférée pendant une soirée ou aller voir 10 concerts gratuits ?

7) gagner la voiture de tes rêves ou gagner un super voyage dans le sud ?

8) avoir seulement 2 mois d'hiver ou avoir congé tout l'hiver, mais avoir de l'école l'été ?

9) aller dans le futur pour voir où tu en seras dans 10 ans ou retourner dans le passé pour faire quelque chose différemment.

10) renouveler une seule fois toute ta garde-robe ou recevoir un nouveau vêtement super cool une fois par semaine pendant 10 ans ?

PERDANT-PERDANT !

QUE CHOISIRAIS-TU :

1) avoir une seule et grande narine ou une seule et grande oreille ?

2) manger un pot de moutarde ou boire un verre de sauce soya ?

3) manger du boudin ou manger une langue de porc ?

4) recevoir une prise de sang ou te faire plomber une dent ?

5) toucher une coquerelle ou manger une sauterelle ?

6) manger de la bouffe à chats ou boire l'eau d'un aquarium ?

7) être attachée à une vache pendant 1 an ou tout le temps avoir les pieds froids?

8) avoir toujours chaud ou avoir toujours froid ?

9) avoir un troisième œil dans le front ou avoir un troisième bras ?

10) manger des choux de Bruxelles pendant 1 semaine ou boire un grand verre d'huile de foie de morue ?

QUESTION DE PERSONNALITÉ...

QUE CHOISIRAIS-TU :

1) l'hiver ou l'été ?

2) la télé ou Internet ?

3) ton cellulaire ou ton ordinateur ?

4) l'automne ou le printemps ?

5) la plage ou la montagne ?

6) Paris ou Los Angeles ?

7) assister au concert de ton chanteur préféré ou souper à ton restaurant préféré ?

8) un jean ou une jupe ?

9) magasiner ou faire du sport ?

10) lire ou regarder la télé ?

11) devenir célèbre ou faire ce que tu aimes ?

12) le blanc ou le noir ?

13) voir un film ou écouter de la musique ?

14) marcher ou pédaler ?

15) étudier en arts ou étudier en sciences ?

16) les mathématiques ou le français ?

17) avoir cinq meilleures amies ou vingt bonnes amies ?

18) avoir un chien ou avoir un chat ?

19) une comédie ou un drame ?

20) un style décontracté ou un style branché ?

PHONE

VOUS AVEZ DU COURRIER !

Salut Catherine,

J'ai des problèmes avec mon copain : aujourd'hui il m'a demandé qu'on prenne une pause d'une semaine, car il a besoin de classer ses idées, mais je ne sais pas quoi faire. C'est très dur pour moi, je n'arrive pas à supporter ça.

Je me sens perdue

Ariane

Chère Ariane,

Ce n'est pas facile quand on perd le contrôle dans une relation, mais tu dois respecter les besoins de ton chum et lui accorder l'espace dont il a besoin pour réfléchir. Je sais que c'est terrifiant de ne pas savoir et de risquer de le perdre ou de se faire rejeter, mais profite de cette pause pour réfléchir à tes propres besoins et à ce qui ne fonctionne pas dans la relation. Pourquoi les choses ont-elles mal tourné, et que peux-tu faire pour arranger certains problèmes? Es-tu heureuse dans ta relation? Si tu crois que oui et qu'il en vaut la peine, alors attends d'en discuter avec lui, mais si tu sens que tu n'es plus aussi bien, alors mieux vaut regarder la réalité en face et chercher à être heureuse. Tiens-moi au courant!

Catherine

Connais-tu ton français?

J'AI INSÉRÉ UNE ERREUR DANS CHACUNE DES PHRASES SUIVANTES. TROUVE-LES ET ENCERCLE-LES! LES PHRASES SONT TIRÉES DE L'ABC !

1. Lors d'un divorce, le couple peut décidé de se séparer légalement ou de recourir aux services d'un avocat.

2. L'acné est un problème de peau très répendu.

3. Les journals intimes ne sont pas pour toutes les filles.

4. Vous éprouverez une grande satisfaction à donner aux autre.

5. Vous serez plus sensible à l'égart des autres.

6. Quand on est amoureuse, il y a des symptomes qui ne trompent pas.

7. Au secondaire, vous allez parfois à des fêtes chez des amis qui vous proposent d'aller chez-eux.

8. Ils serons généralement encore plus heureux de vous aider !

9. Quelque trucs pour survivre aux chicanes ou éviter les engueulades.

10. Apprenez à vous excuser si vos paroles ont dépassées votre pensée.

11. Ne vous laisser pas crouler sous les devoirs !

12. Son ambition la pousse a étudier avec acharnement.

13. L'alcool peut entraîner des maladies du fois et du cœur.

14. Il est même sein d'éprouver un peu de jalousie de temps à autre.

15. Quoiqu'il en soit, il faut le dénoncer.

16. Si vous ne comprenez rien aux garçons, dites-vous qu'ils sont moin compliqués qu'on ne le croit.

17. Comment se forme une gang de rue ?

18. Il existe plusieurs services auxquels vous addresser.

19. La vérité, c'est qu'on ne peut pas changer sa situation familial.

20. Le vocabulaire que nous utilisons au Québec est par ailleur bien différent de celui de la France.

21. Si un artiste ce surpasse, il mérite d'être récompensé.

22. Le principe d'égalité assure aux autres de pouvoir jouir de ses mêmes droits.

23. Il est tout-à-fait normal que votre humeur soit influencée par des facteurs externes.

24. Avec les copains, on a pas trop à s'en faire.

25. Il ne faut pas en faire une obsesion.

26. Les jambes ne sont pas assez efilées.

27. Peut-être êtes-vous de celles qui son indécises.

28. Chaque fille possèdent des cheveux différents.

29. La langue la plus parlé dans le monde.

30. Une vrai amitié doit être entretenue.

Réponses

1. Lors d'un divorce, le couple peut décider de se séparer légalement ou de recourir aux services d'un avocat.

2. L'acné est un problème de peau très répandu.

3. Les journaux intimes ne sont pas pour toutes les filles.

4. Vous éprouverez une grande satisfaction à donner aux autres.

5. Vous serez plus sensible à l'égard des autres.

6. Quand on est amoureuse, il y a des symptômes qui ne trompent pas.

7. Au secondaire, vous allez parfois à des fêtes chez des amis qui vous proposent d'aller chez eux.

8. Ils seront généralement encore plus heureux de vous aider !

9. Quelques trucs pour survivre aux chicanes ou éviter les engueulades.

10. Apprenez à vous excuser si vos paroles ont dépassé votre pensée.

11. Ne vous laissez pas crouler sous les devoirs !

12. Son ambition la pousse à étudier avec acharnement.

13. L'alcool peut entraîner des maladies du foie et du cœur.

14. Il est même sain d'éprouver un peu de jalousie de temps à autre.

15. Quoi qu'il en soit, il faut le dénoncer.

16. Si vous ne comprenez rien aux garçons, dites-vous qu'ils sont moins compliqués qu'on ne le croit.

17. Comment se forme un gang de rue ?

18. Il existe plusieurs services auxquels vous adresser.

19. La vérité, c'est qu'on ne peut pas changer sa situation familiale.

20. Le vocabulaire que nous utilisons au Québec est par ailleurs bien différent de celui de la France.

21. Si un artiste se surpasse, il mérite d'être récompensé.

22. Le principe d'égalité assure aux autres de pouvoir jouir de ces mêmes droits.

23. Il est tout à fait normal que votre humeur soit influencée par des facteurs externes.

24. Avec les copains, on n'a pas trop à s'en faire.

25. Il ne faut pas en faire une obsession.

26. Les jambes ne sont pas assez effilées.

27. Peut-être êtes-vous de celles qui sont indécises.

28. Chaque fille possède des cheveux différents.

29. La langue la plus parlée dans le monde.

30. Une vraie amitié doit être entretenue.

Résultats

10 BONNES RÉPONSES OU MOINS.

Tu éprouves des difficultés en français. Je sais que ce n'est pas une langue facile et qu'elle possède des centaines d'exceptions, mais tu dois faire un petit effort pour assimiler ses règles. Si la grammaire te déprime, je te conseille de lire des choses qui te plaisent pour te familiariser avec la langue et les accords. Bonne chance !

ENTRE 10 ET 20 BONNES RÉPONSES.

Tu maîtrises assez bien le français, mais il t'arrive souvent de faire des erreurs d'inattention lorsque tu écris. Quand tu as des doutes, consulte des ouvrages spécialisés comme des dictionnaires ou des guides de grammaire pour trouver réponse à tes questions et t'aider à t'améliorer.

20 BONNES RÉPONSES OU PLUS.

Le français est l'une de tes forces ! Tu fais sans doute partie de celles qui adorent lire et écrire, et tu réussis généralement bien dans les dictées. Continue sur cette lancée, et n'hésite pas à aider les gens de ton entourage qui ont besoin d'un coup de main supplémentaire.

Bonjour Catherine,

J'aime beaucoup un gars, mais le problème c'est qu'il est un autochtone et que dans mon école il y a beaucoup de racistes. Il sait que je l'aime et lui aussi il m'aime, mais je ne voudrais pas être une fois de plus la fille qu'on peut écœurer parce que je l'aime. Mes amies me disent qu'elles seront là peu importe ce qui arrive, donc ça m'encourage. En plus, il parle quasiment juste en anglais et moi je suis zéro en anglais. C'est assez évident que je l'aime ; quand je le regarde je tombe dans la lune. On ne sort même pas ensemble, mais il m'a déjà embrassée, que devrais-je faire??? L'aimer et me ficher des autres, car j'ai mes amies, ou renoncer à lui et lui faire de la peine? Je ne sais pas quoi faire aide-moi s.v.p.!!!!!!!

Annabelle

Chère Annabelle,

Je crois que tu devrais écouter ton cœur sans te préoccuper du jugement des autres. Après tout, veux-tu vraiment t'identifier aux comportements racistes des gens de ton école? Qu'importe qu'il soit autochtone. Tu l'aimes, il t'aime et c'est le plus important. Ce n'est pas si commun de connecter autant avec quelqu'un et de se sentir aussi bien en sa présence, alors je crois que tu ne devrais pas hésiter. Tes vraies amies comprendront et t'appuieront dans ta démarche, et tu n'as pas besoin de ceux qui portent des jugements superficiels sur l'origine ethnique des autres. Si tu te sens trop gênée, tu peux commencer doucement et le fréquenter davantage à l'extérieur de l'école, mais quoi qu'il en soit, je t'encourage à suivre ton cœur et à ne pas accorder d'importance aux autres.

Tiens-moi au courant,

Catherine

Es-tu hypocrite ?

1- Tu sens parfois que les autres filles ont peur de toi.

Vrai

Faux

2- Ça t'arrive souvent de « bitcher » dans le dos des gens.

Vrai

Faux

3- Tu as tendance à être gentille avec les gens même s'ils t'énervent.

Vrai

Faux

4- Tu as de la difficulté à dire franchement ta façon de penser aux gens.

Vrai

Faux

5- En cas de conflit ou de problème, tu trouves ça plus simple de « bitcher » et de te plaindre que de prendre le taureau par les cornes.

Vrai

Faux

6- Il y a des filles qui te considèrent vraiment comme leur amie, alors qu'au fond, tu n'arrives pas à les supporter !

Vrai

Faux

7- Tu as tendance à faire semblant de rien lorsque tu éprouves des frustrations contre quelqu'un ou quand tu as de la peine.

Vrai

Faux

8- Ça t'arrive souvent de parler dans le dos des gens lorsque tu parles au téléphone avec tes amies.

Vrai

Faux

9- Tu es parfois gentille avec les gens seulement pour obtenir une faveur.

Vrai

Faux

10- Ça t'est déjà arrivé de faire pleurer des gens parce qu'ils ont su que tu parlais dans leur dos.

Vrai

Faux

Résultats

MAJORITÉ DE VRAI

Tu as tendance à être hypocrite et tu préfères parler dans le dos des autres plutôt que d'affronter une situation qui te dérange. Sache que l'hypocrisie blesse souvent les gens concernés et que ça ne t'avance à rien, car ton problème ne peut pas se régler si tu ne fais pas face à la situation et si tu ne prends pas les moyens nécessaires pour la corriger. Je sais que ce n'est pas facile d'affronter les gens qui te causent des problèmes, mais sache qu'il s'agit d'une solution beaucoup plus constructive qui te soulagera d'un poids et qui te permettra de surmonter tes peurs. Si tu as de la difficulté à endurer quelqu'un, rien ne t'oblige à faire semblant d'être son amie. Tu n'as qu'à garder tes distances sans parler inutilement dans son dos.

MAJORITÉ DE FAUX

Tu es franche et directe, et tu n'aimes pas l'hypocrisie. Certaines personnes te reprochent parfois d'être trop honnête et de manquer de tact, mais tu t'assumes puisque tu détestes quand les gens jouent la comédie et manquent de franchise. C'est génial que tu n'aies pas peur de dire ta façon de penser, mais il y a moyen de le faire sans blesser les autres, alors fais preuve de délicatesse dans tes réactions. Si les gens hypocrites et les filles qui parlent dans le dos des autres te rendent folle, n'hésite pas à leur rappeler que cela ne mène à rien et qu'elles gagneraient à être plus honnêtes.

Es-tu une amante de la nature ?

1. Aimes-tu faire du camping ?

a) Oui, j'en raffole.

b) Non, je suis une fille de la ville.

c) Parfois, mais j'aime être confortable.

2. Quand tu vas faire une marche en nature, qu'amènes-tu avec toi ?

a) Mon cellulaire.

b) Une collation, un appareil-photo et des graines pour les oiseaux.

c) Ma boussole, ma gourde et mes raquettes.

3. Tu te promènes au parc et tu vois des déchets. Que fais-tu ?

a) J'espère que la ville les ramassera.

b) Je critique les gens qui laissent traîner leurs déchets et je poursuis ma route.

c) Je les ramasse pour les jeter dans une poubelle.

4. As-tu le pouce vert ?

a) Oui, j'adore les plantes et j'en prends soin.

b) Non, je suis incapable de maintenir une plante en vie.

c) J'aime bien m'occuper d'une plante, mais sans plus.

5. Aimes-tu le jardinage ?

a) Hein ? Non, j'habite en ville.

b) Je ne suis pas une experte, mais j'aime bien planter quelques graines.

c) Oui ! J'ai quelques plants de tomates et de framboises, et j'en prends soin.

6. Aimes-tu la vie en campagne ?

a) Je trouve ça très apaisant, de temps à autre.

b) Oui, j'y habite déjà, ou alors je rêve de m'y installer.

c) Non, je m'ennuie un peu en campagne.

7. Aimes-tu les animaux ?

a) J'adore les animaux.

b) Je les aime bien, mais je n'ai pas le temps de m'en occuper.

c) J'aime les animaux des autres.

8. Fais-tu du recyclage ?

a) Il faudrait que je m'y mette...

b) Bien sûr !

c) Quand je peux, mais je ne sais pas trop quoi recycler.

9. À quoi associes-tu le mot « nature » ?

a) Aux piqûres de moustiques.

b) À la faune et à la flore.

c) À un feu de camp.

10. Aimerais-tu faire une randonnée pédestre en nature ?

a) Seulement si je suis accompagnée d'un groupe et que nous avons tout le matériel nécessaire.

b) Pas vraiment.

c) Évidemment.

1. a) 3	b) 1	c) 2
2. a) 1	b) 2	c) 3
3. a) 1	b) 2	c) 3
4. a) 3	b) 1	c) 2
5. a) 1	b) 2	c) 3

6. a) 2	b) 3	c) 1
7. a) 3	b) 2	c) 1
8. a) 1	b) 3	c) 2
9. a) 1	b) 3	c) 2
10. a) 2	b) 1	c) 3

Résultats

MOINS DE 15 POINTS

Tu n'es pas une grande amatrice de la nature. Bien que tu ne raffoles pas des balades en forêt et que tu te considères plus comme une fille de la ville, rien ne t'empêche de prendre soin de l'environnement, de faire du recyclage et de poser des gestes pour le bien-être de notre planète. Tout le monde doit y mettre du sien, alors si tu vois que quelqu'un a laissé traîner ses déchets, ramasse-les plutôt que de condamner son attitude sans agir. Tu verras qu'ensemble, on peut faire une différence.

DE 15 À 23 POINTS

Tu aimes la nature à tes heures. Bien que tu ne sois pas du genre à t'établir en campagne pour traire des vaches, tu aimes te balader en nature de temps à autre et te ressourcer loin de la ville. Tu t'efforces de poser des gestes qui aideront à préserver l'environnement, mais tu sais que tu pourrais en faire davantage. Je te suggère de partir en camping et d'aller explorer la nature pour voir tout ce qu'elle a à offrir. Pour le reste, continue à faire ta part et n'hésite pas à encourager les autres à faire de même.

PLUS DE 23 POINTS

Tu es une vraie amante de la nature. Tu es née avec un pouce vert et une âme de campagnarde. Tu aimes la faune et la flore, et l'environnement est une cause qui te tient très à cœur. Profite de cet intérêt pour t'impliquer et encourager les autres à suivre ton exemple… Tu te sentiras encore plus inspirée !

Es-tu une solitaire?

1. Comment se déroule une fin de semaine typique pour toi ?

A- Tu loues des films, tu écoutes de la musique et tu écris dans ton journal intime.

B- Tu passes ta fin de semaine avec tes copines, car tu trouves ça ennuyant d'être seule chez toi.

C- Ça dépend vraiment des fins de semaine, mais, habituellement, tu aimes bien passer un peu de temps seule et dédier une soirée complète à tes amies.

2. Quand tu te retrouves seule dans ton lit le soir :

A- Tu rêvasses et tu laisses aller ton imagination, car tu raffoles de ces moments de silence et de solitude.

B- Tu angoisses à l'idée de te retrouver seule avec tes pensées, alors tu préfères allumer le téléviseur ou téléphoner à une amie.

C- Ça dépend de ton humeur. Si tu as envie de te changer les idées, tu lis un bon livre ou tu feuillettes un magazine, mais, si tu as envie de rêvasser, tu n'hésites pas à mettre de la musique et à regarder le plafond en songeant à ta vie.

3. Des filles t'invitent à une fête. Que fais-tu ?

A- Tu n'y vas pas. Ces filles te rendent nerveuse, tu ne sais pas comment agir en leur présence et tu préfères rester chez toi.

B- C'est sûr que tu y vas parce que tu fais toujours partie du comité organisateur.

C- Ça dépend si l'une de tes amies est prête à t'accompagner. Tu ne veux pas te pointer là-bas toute seule.

4. Pour toi, que signifie t'asseoir seule dans un café?

A- Prendre le temps de réfléchir, de songer à mes rêves ou de lire un bon livre sans me faire déranger.

B- La déprime totale ! Pourquoi je ferais ça ? Que penseront les autres ? J'espère au moins que j'attends quelqu'un.

C- Un moment pour téléphoner à mes amies ou faire mes devoirs, mais j'avoue que j'aurais de la difficulté à regarder dans le vide et à faire de l'introspection.

5. Tu adores être enfant unique ou tu envies les gens qui n'ont pas de frère ni de sœur.

A- C'est vrai. Je me débrouille très bien toute seule et je n'aime pas quand les autres se mêlent de ma vie.

B- Non. Je trouve ça plate d'être seule. Même si les frères et les sœurs nous cassent les pieds, au moins ils nous changent les idées et ils mettent du piquant dans notre quotidien.

C- Je me dis parfois que j'aimerais recevoir toutes les attentions portées à une enfant unique, mais, en même temps, j'aurais peur de m'ennuyer.

6. Tu te sens tout à fait prête à avoir un petit ami ou à répondre aux signaux d'un garçon qui démontre de l'intérêt pour toi.

A- Je ne me sens pas prête. Je préfère être dans ma bulle, et je ne saurais pas quoi lui dire.

B- Mets-en ! Je n'ai pas peur de foncer et j'adore m'ouvrir à une nouvelle personne.

C- Je me sens prête, à condition que le gars me mette bien à l'aise, et que je puisse y aller à mon propre rythme.

7. **Tu n'as pas peur de défendre ton point de vue et tes opinions, et ce peu importe le contexte dans lequel tu te trouves.**

A- Faux. J'ai mes propres opinions, mais je préfère les garder pour moi. Je n'aime pas vraiment me mêler aux discussions de groupe. Je ne m'implique pas dans les débats.

B- Vrai. Je ne me laisse pas marcher sur les pieds et je me fiche de ce qu'en pensent les autres.

C- Je suis prête à défendre mes opinions et à dire ce que je pense, mais je suis quand même consciente des gens qui m'entourent et, parfois, je suis trop gênée pour intervenir.

Résultats

MAJORITÉ DE A

Tu es une grande solitaire. Tu aimes passer du temps seule et rêvasser sans te mêler de la vie des autres. Le fait de parler aux gens que tu connais moins te demande un effort considérable, et les foules ont tendance à t'étourdir. Tu as quelques amies proches, mais tu n'es pas une fille de bande. C'est parfait de se sentir bien avec soi-même et de ne pas craindre la solitude, mais tu devrais tout de même affronter tes peurs et t'ouvrir un peu plus aux autres pour ne pas entrer dans un cercle vicieux et devenir trop méfiante. Il y a des personnes géniales autour de toi qui ne demandent pas mieux que d'apprendre à te connaître davantage.

MAJORITÉ DE B

Tu es incapable de rester seule. Tu es quelqu'un d'extrêmement sociable qui aime réunir les gens et organiser des activités, mais tu dois quand même te forcer pour apprendre à te connaître davantage sans avoir peur de te retrouver seule avec tes pensées. La solitude n'est pas aussi terrible que tu le crois, et tout le monde a besoin de rêvasser et de faire le point de temps à autre, alors n'hésite pas à passer un peu de temps en tête à tête avec toi-même et à combattre ta hantise de la solitude.

MAJORITÉ DE C

La solitude ne te fait pas peur, mais tu accordes tout de même beaucoup d'importance au jugement des autres. Ça ne te dérange pas de rêvasser seule dans ton lit, mais, lorsque tu te trouves devant les filles de ta classe, tu préfères parfois te fondre au moule pour ne pas te faire juger. Tu te considères comme étant une fille équilibrée, puisque tu aimes bien te retrouver en groupe, mais que tu as tout de même besoin de tes instants de solitude. Il ne te reste plus qu'à assumer davantage ta personnalité et à prendre confiance en toi sans accorder trop d'importance au regard d'autrui.

Salut Cath! Le problème c'est que je m'ennuie. Tout dans ma vie est répétitif et tout a un lien avec l'école. Je n'ai pas de vrais amis (donc je ne vois jamais personne) et je repousse l'amour et tout ce qui se rapporte à ça (les garçons), alors je passe pour une fille fermée et intello (ce que je suis peut-être). C'est vraiment plate. Je fais juste faire des devoirs, rentrer chez moi, regarder un peu de télé et me coucher et aller à l'école. Je joue du piano, mais ça aussi ça fait très intello. Pourtant il y a des filles cool qui en jouent et qui ont des bonnes notes et on dirait que ça ne fait même pas partie de leur vie (elles ont tout ça naturel, contrairement à moi). J'aimerais que ma vie soit comme les livres (Aurélie Laflamme par exemple), avec du challenge, des nouvelles expériences. Comment laisser paraître mes vrais sentiments aux autres, être plus ouverte? Je crois que c'est pour cela que je n'ai pas d'amis. Je suis un peu plate vois-tu? Je n'ai aucune expérience amoureuse, je n'aime rien à part l'école... Je ne vis aucune expérience et je m'ennuie, j'ai l'impression de perdre de belles années.

Louise

Chère Louise,

Premièrement, tu dois te familiariser avec ce sentiment et ne pas être aussi dure envers toi-même. À quoi ça te sert de te comparer aux autres? Tu es douée à l'école, tu joues du piano, c'est déjà très bien, tu ne crois pas? Ne va pas croire que les autres acquièrent tout de façon naturelle parce que tu serais surprise d'apprendre qu'elles connaissent autant de difficulté que toi. La différence, c'est peut-être qu'elles ont plus confiance en elles-mêmes, et je crois que c'est là-dessus que tu devrais travailler. Fais une liste des choses que tu aimerais faire, pose-toi des défis à relever, donne-toi un objectif à atteindre. Quand on est ado, on a souvent hâte à plus tard; on voudrait que le temps file et pouvoir faire plus de choses. Je connais très bien ce sentiment, mais dis-toi que tu es la seule qui peut changer cela. Tu veux que ta vie soit plus stimulante? Alors, c'est à toi de faire en sorte qu'elle le soit. Je t'ai déjà dit que j'avais traversé une période similaire quand j'étais ado. Je trouvais aussi que ma vie était plate, et je ne faisais qu'étudier. J'ai donc décidé de prendre les choses en main. J'ai fait partie d'un camp, je me suis plus ouverte aux autres et j'ai appris à prendre des risques et à me dévoiler un peu plus aux autres. Je n'ai pas développé des affinités avec tout le monde, mais j'ai appris à mieux me connaître et à m'accepter telle que j'étais. Je suis sortie de ma coquille, j'ai participé à des voyages scolaires, j'ai fait du théâtre, etc. C'est à toi de voir quels sont tes champs d'intérêt et à plonger pour faire bouger les choses...Tiens-moi au courant!

Catherine

Connais-tu bien ta meilleure amie?

Voici une section faite pour toi et ta meilleure amie! Lisez ensemble les questions suivantes. Chacune doit noter ses réponses, et par la suite, vous devez tenter de deviner ce que l'autre a choisi!

Alors, connais-tu ton amie aussi bien que tu le crois?

Bouffe!

1. À boire chaud!

a. Thé

b. Café

c. Tisane

2. On bouffe à l'étranger!

a. Italien

b. Mexicain

c. Chinois

3. Du bon pain!

a. Brun

b. Blanc

c. Multigrain

4. Les bons, bons légumes…

a. Poivron vert

b. Poivron jaune

c. Poivron rouge

5. Du pétillant à boire!

a. Orangeade

b. Cola

c. 7Up

6. Chocolat, quand tu nous tiens…

a. Mars

b. Kit Kat

c. Reese

7. On croque la pomme!

a. Jaune

b. Rouge

c. Verte

8. Les melons!

a. Melon d'eau

b. Melon miel

c. Cantaloup

9. Glacé!

a. Crème glacée

b. Yogourt glacé

c. Sorbet

10. Pas seulement pour carnivores!

a. Poisson

b. Steak

c. Tofu

Vêtements!

1. Dans les pieds?
a. Souliers de course
b. Ballerines
c. Talons hauts

2. Sur les jambes?
a. Shorts
b. Bermudas
c. Pantalons

3. Camisoles!
a. À bretelles spaghetti
b. À bretelles larges
c. Tank top

4. On se met chic, ce soir!
a. Robe à paillettes
b. Robe courte
c. Robe longue

5. Pour les cheveux rebelles…
a. Barrettes
b. Pinces à cheveux
c. Élastiques

6. Pour le confort…
a. Pantalons de jogging
b. Leggings
c. Jeans

7. La coupe de Jeans?
a. Skinny
b. Évasée
c. Droite

8. Sur la plage…
a. Sandales
b. Gougounes
c. Pieds nus

9. La nuit!
a. Pyjama
b. Jaquette
c. Nuisette

10. Quand il fait froid…
a. Mitaines
b. Gants
c. Gants de cycliste

Les voyages!

1. Moyen de transport!
a. Bateau
b. Avion
c. Automobile

2. L'Amérique!
a. Canada
b. États-Unis
c. Mexique

3. Et la température?
a. Soleil
b. Neige
c. Pluie fine

4. Quelle langue?
a. Français
b. Anglais
c. Langue étrangère

5. De l'eau!
a. Océan Pacifique
b. Océan Atlantique
c. Océan Indien

6. On dort…
a. À l'hôtel
b. Au motel
c. Dans la tente

7. On s'y rend…
a. En voiture
b. En tente roulotte
c. En caravane

8. Qu'est-ce qu'on apporte?
a. Valise
b. Sac à dos
c. Sac banane

9. Qu'est-ce qu'on va voir?
a. Désert
b. Montagne
c. Océan

10. Et le paysage…
a. Ville
b. Campagne
c. Village

Maquillage & accessoires!

1. Sur les ongles?

a. Vernis à ongles rouge

b. Vernis à ongles Bleu

c. Vernis à ongles Noir

2. Autour des yeux?

a. Eye-liner noir

b. Eye-liner brun

c. Eye-line bleu

3. Sur les paupières?

a. Ombre à paupières neutre

b. Ombre à paupières colorée

c. Ombre à paupières à paillettes

4. Et les lèvres?

a. Rouge à lèvres

b. Brillant à lèvres

c. Baume coloré

5. Vive les cils!

a. Mascara noir

b. Mascara brun

c. Faux cils

6. Pour les petites imperfections…

a. Cache-cernes en poudre

b. Cache-cernes liquide

c. Cache-cernes en mousse

7. La prunelle de mes yeux…

a. Lentilles cornéennes

b. Lunettes

c. Lentilles colorées

8. Pour traîner nos affaires…

a. Sacoche

b. Sac à main

c. Porte-monnaie

9. Sur les lobes…

a. Boucles pendantes

b. Diamants

c. Anneaux

10. Dans le cou et aux poignets?

a. Colliers

b. Bracelets

c. Les deux

Les animaux!

1. Chaton?
a. À poil long
b. À poil court
c. Rasé

2. Les chiens!
a. Dalmatien
b. Golden Retriever
c. Caniche

3. Animaux sauvages!
a. Castor
b. Lièvre
c. Lapin

4. Les « bibittes »…
a. Couleuvre
b. Araignée
c. Coquerelle

5. Ça vole!
a. Perroquet
b. Canari
c. Perruche

6. Ça nage!
a. Poisson rouge
b. Saumon
c. Piranha

7. Rongeurs sauvages!
a. Rat
b. Souris
c. Musaraigne

8. Rongeurs domestiques!
a. Hamster
b. Gerboise
c. Cochon d'Inde

9. Poc, poc!
a. Poulet
b. Pigeon
c. Mouette

10. Les reptiles!
a. Tortue
b. Salamandre
c. Iguane

Sucreries et desserts!

1. Quelle sorte?
a. Jujube
b. Bonbon dur
c. Gomme

2. La crème de la crème!
a. Crème glacée au chocolat
b. Crème glacée à la vanille
c. Crème glacée aux fraises

3. De quelle forme?
a. Jujubes en forme de pêches
b. Jujubes en forme de baies
c. Jujubes en forme de vers de terre

4. Et les sucettes?
a. Rouges
b. Vertes
c. Mauves

5. Sucreries glacées!
a. Fudge
b. Popcycle
c. Sandwich à la crème glacée

6. À boire!
a. Barbotine
b. Café glacé
c. Bubble tea

7. En corde!
a. Réglisse rouge
b. Réglisse verte
c. Réglisse noire

8. Garniture!
a. Chocolat
b. Caramel
c. Sirop de fraises

9. Les classiques…
a. Brownies
b. Sundae
c. Banana split

10. Et les gâteaux?
a. Au chocolat
b. À la vanille
c. Au fromage

Cinéma et films!

1. Quelle sorte de film?

a. Comédie romantique

b. Film d'action

c. Film d'horreur

2. Monsieur muscles!

a. Chris Evans

b. Channing Tatum

c. Vin diesel

3. Quand ça va vite…

a. Poursuites à motocyclette

b. Poursuites en voiture

c. Poursuites à pied

4. Effets spéciaux!

a. Explosions

b. Extra-terrestres

c. Catastrophes naturelles

5. Séries cultes!

a. Mission : Impossible

b. James Bond

c. Tomb Raider

6. Les hommes d'action!

a. Espions

b. Policiers

c. Enquêteurs

7. Un peu de magie!

a. Sorciers

b. Loups-garous

c. Vampires

8. La question que tout le monde se pose…

a. Edward

b. Jacob

9. Les artistes aux multiples talents…

a. Justin Timberlake

b. Wil Smith

c. Jamie foxx

10. Le scénario?

a. Adaptation

b. Scénario original

11. Et l'esthétique du film…

a. Film d'animation

b. Film 3D

c. Avec de vrais acteurs

Bouquins et lecture!

1. Format de livre…
a. Bandes dessinées
b. Romans
c. Séries

2. La folie des vampires!
a. Twilight
b. True Blood
c. Journal d'un Vampire

3. Roman d'ados québécois!
a. Nikki Pop
b. Le journal d'Aurélie Laflamme
c. La vie compliquée de Léa Olivier

4. Univers magiques!
a. Harry Potter
b. Le seigneur des anneaux

5. Fantastique québécois!
a. Amos Daragon
b. Les chevaliers d'émeraude

6. Combien de livres?
a. Un seul
b. Trilogie
c. Saga

7. Quel genre?
a. Fantastique
b. Humoristique
c. Dramatique

8. Qui date de quand?
a. Classique
b. Nouveauté

9. Et les classiques?
a. Les aventures de Tom Sawyer
b. Les quatre filles du docteur March
c. Alice au pays des merveilles

10. Les classiques de ton enfance!
a. Noémie
b. Mademoiselle Charlotte

Séries télévisées!

1. Émissions magiques!
a. Les sorciers de Waverly Place
b. Teen Wolf
c. Le loup-garou du campus

2. Émissions de sketches!
a. MDR
b. Le sketch show
c. Dieu Merci!

3. Chaîne Disney!
a. La vie de croisière de Zac et Cody
b. La vie de palace de Zac et Cody
c. Hannah Montana

4. La folie des vampires!
a. Le journal d'un vampire
b. True Blood

5. Émissions écolières
a. Gossip Girl : L'Élite de New York
b. Degrassi : la Nouvelle Génération

6. Nostalgie québécoise!
a. Radio Enfer
b. Dans une galaxie près de chez vous

7. Télé-réalités de musique!
a. Mixmania
b. Star Académie
c. American Idol

8. Télé-réalités québécoises!
a. Occupation Double
b. Loft Story

9. Émissions d'ici et d'aujourd'hui!
a. Une grenade avec ça?
b. Il était une fois dans le trouble…
c. Vrak la vie

10. Télé-réalités de déco!
a. Méchant changement
b. Décore ta vie
c. Laisse faire, je vais le faire!

Réflexions personnelles!

CETTE SECTION DU LIVRE DE TESTS EST ENTIÈREMENT CONSACRÉE À DES QUESTIONS QUI PORTENT À RÉFLEXION. L'OBJECTIF EST DONC DE TE FAIRE RÉFLÉCHIR SUR DIFFÉRENTS SUJETS! C'EST UN EXERCICE QUE TU PEUX AUSSI FAIRE AVEC TES AMIS POUR QUE VOUS PUISSIEZ DISCUTER DE VOS RÉPONSES.

L'ENFANCE!

1. Quel est ton plus vieux souvenir d'enfance?
   Te souviens-tu de l'âge que tu avais à ce moment-là?

2. Te souviens-tu bien de tes grands-parents?
   Passais-tu beaucoup de temps chez eux quand tu étais petite?
   Que faisais-tu là-bas?

3. Te souviens-tu d'un anniversaire ou d'un cadeau que tu as
   reçu en particulier?

4. Quel est ton plus précieux souvenir d'enfance?
   Qui en fait partie?
   Te souviens-tu de ta meilleure amie d'enfance?

5. Quel est ton premier souvenir d'école?
   Te souviens-tu de tes camarades de classe?
   De ton professeur?

L'AMITIÉ!

1. Quelle est, selon toi, la plus grande qualité chez un ami?
   Et quel est le pire défaut?

2. As-tu de la facilité à pardonner à tes amis?
   Y a-til quelque chose que tu serais incapable de pardonner?

3. Tu sais que ton ami a triché dans un examen très important
   et que tu as très peu de chance de réussir malgré toutes
   les heures passées devant tes livres. Serais-tu capable de
   dénoncer ton ami au nom de l'injustice, ou est-ce que la
   loyauté en amitié est plus importante pour toi?

4. Le copain de ta meilleure amie la trompe, et elle n'est pas au
   courant. Serais-tu capable de le lui dire?
   Préférerais-tu confronter son copain auparavant?
   Et s'il était aussi l'un de tes bons amis, pourrais-tu le
   confronter et le dénoncer à ton amie aussi facilement?

5. Préfères-tu avoir une grosse gang d'amis ou quelques bons
   amis auxquels tu tiens vraiment?

LE FUTUR!

1. Préférerais-tu avoir un emploi que tu n'apprécies pas tant que ça, mais qui te rende très riche, ou un métier que tu adores, mais qui t'oblige à te serrer la ceinture?

2. Préférerais-tu avoir un seul et unique manoir, ou plusieurs appartements dans plusieurs régions du monde?

3. Préférerais-tu avoir beaucoup de temps pour voyager, ou beaucoup de temps à consacrer à ta famille?

4. Énumère cinq choses que tu aimerais avoir la chance d'accomplir avant la fin de ta vie.

5. Aimerais-tu laisser ta trace dans le monde? Comment crois-tu pouvoir y arriver?

L'AMOUR!

1. Préférerais-tu passer toute ta vie avec la même personne en doutant que ce soit la bonne, ou avoir différents conjoints et trouver la bonne personne seulement à la fin de ta vie?

2. Jusqu'où pourrais-tu aller pour conquérir un garçon? Irais-tu jusqu'à ne plus être toi-même pour lui plaire?

3. Qu'accepterais-tu de pardonner au garçon que tu aimes? Quelle est la limite de ce que tu pourrais tolérer?

4. Crois-tu au mariage?

5. Quel est le plus beau cadeau que celui que tu aimes pourrait t'offrir? Qu'est-ce que ce cadeau symboliserait à tes yeux?

FÊTES!

1. Quelle est la plus belle fête d'anniversaire que tu aies célébrée?
   Pourquoi était-elle si spéciale?

2. Quels éléments sont essentiels à une fête pour que tu t'y amuses?
   Des amis, de la bonne musique, une belle ambiance?

3. Deux de tes amis se chicanent lors d'une fête et risquent de ruiner
   l'ambiance. Que fais-tu?
   Pourrais-tu intervenir même si le conflit ne te concerne pas?

4. Crois-tu qu'une fête est le meilleur endroit pour rencontrer des garçons, ou
   au contraire que c'est un lieu peu propice à ce genre de rencontre?

5. Que préfères-tu faire lors d'une fête? Danser, jaser…?

ARGENT!

1. Si tu avais un million de dollars, que ferais-tu?

2. Si tu étais riche, qui gâterais-tu en premier? Tes amis, ta famille?

3. Si tu pouvais te procurer n'importe quoi, et même quelque chose d'impossible, tel que l'immortalité ou la richesse infinie, que choisirais-tu?

4. De combien d'argent aurais-tu besoin pour vivre de manière satisfaisante le reste de ta vie? Crois-tu que tu pourrais te contenter d'un certain montant, et ne plus jamais vouloir d'argent par la suite?

5. Crois-tu que tu pourrais vivre dans la pauvreté si cela te permettait de sauver cent personnes?

SPORTS!

1. Aimes-tu les sports d'équipe?
   Est-ce que tu penses que tu travailles mieux seule ou avec les autres?

2. Quel est le plus grand avantage des sports?
   Se faire des amis, se mettre en forme…?

3. Es-tu compétitive?
   Prends-tu les compétitions à cœur?

4. Es-tu une bonne perdante?
   As-tu déjà manqué de patience parce que tu perdais une compétition?

5. Quel est ton plus grand talent en sports?
   Qu'aimerais-tu améliorer?

VOYAGES!

1. Aimes-tu voyager
   ou préfères-tu rester à la maison?
   Qu'est-ce que tu aimes le plus à propos
   des voyages ou de ton chez-toi?

2. Quelle est ta destination de rêve?
   Sur quel continent, et pourquoi?

3. Préfères-tu les plages ou les villes?
   Quelle ville ou quelle plage est ta préférée?

4. Préfères-tu voyager seule ou accompagnée?
   Pourquoi?

5. Quel fut le voyage le plus mémorable
   que tu aies eu la chance de faire?
   Qui était avec toi?
   Pourquoi était-ce si mémorable?

VOUS AVEZ DU COURRIER !

Allo Catherine !

Mon problème, c'est que j'aime un gars, mais je sais que ma best l'aime aussi. J'ai l'impression que le gars m'aime bien, mais je me sens mal de lui dire ce que je ressens parce que je ne veux pas perdre ma best.

Qu'est-ce que tu me conseilles ?

Salut ! Je pense que le mieux, c'est d'être très honnête avec ton amie pour ne pas qu'elle sente que tu l'as trahie ou que tu lui as joué dans le dos. Dis-lui que tu aimerais avouer tes sentiments au gars en question, mais que tu ne veux surtout pas la perdre à cause de ça.

Si ton amie n'y voit aucun inconvénient, alors tant mieux, mais si elle te dit que c'est injuste et qu'elle ne peut accepter de te voir avec lui, je vous conseille plutôt de trouver un compromis qui convienne à toutes les deux. Par exemple, vous pouvez demander au gars ce qu'il ressent afin de trancher la question, ou simplement le laisser tomber pour prioriser votre amitié et éviter qu'il ne s'immisce entre vous !

N'oubliez pas que les amours passent bien souvent, mais que les amitiés restent !

Catherine

CRÉDIT PHOTO :

P.36

La grande bibliothèque d'Alexandrie .... Baloncici / Shutterstock.com

Hollywood .... strekandshoot / Shutterstock.com

P. 136

Channing Tatum.. s_bukley / Shutterstock.com

Tom Cruise .... 360b / Shutterstock.com

Will Smith... Joe Seer / Shutterstock.com

Robert Pattinson...................................... Featureflash / Shutterstock.com

Brad Pitt .... cinemafestival / Shutterstock.com

P. 138

François Hollande...................................... skphotography / Shutterstock.com

Barack Obama... Walter G Arce / Shutterstock.com

Al Gore.. stocklight / Shutterstock.com

Vladimir Putin .... Mark III Photonics / Shutterstock.com

Stephen Harper .... intoit / Shutterstock.com